초판 인쇄일 2018년 5월 11일
초판 발행일 2018년 5월 18일

지은이 다나카 다카코
옮긴이 지윤철
발행인 박정모
등록번호 제9-295호
발행처 도서출판 혜지원
주소 (10881) 경기도 파주시 회동길 445-4(문발동 638) 302호
전화 031) 955-9221~5 **팩스** 031) 955-9220
홈페이지 www.hyejiwon.co.kr
블로그 blog.naver.com/hyejiwon9221
페이스북 www.facebook.com/hyejiwon9221

기획·진행 박혜지
디자인 조수안
영업마케팅 김남권, 황대일, 서지영
ISBN 978-89-8379-958-6
정가 13,000원

ORIBANA **by Takako Tanaka**
Copyright © Takako Tanaka, 2016 All rights reserved.
Original Japanese edition published by KAWADE SHOBO SHINSHA Ltd. Publishers.
Korean translation copyright © 2018 by Hyejiwon Publishing Co.
This Korean edition published by arrangement with KAWADE SHOBO SHINSHA Ltd.
Publishers, Tokyo, through HonnoKizuna, Inc., Tokyo, and Eric Yang Agency, Inc.

이 책의 한국어판 저작권은 에릭양 에이전시를 통한 저작권사와의 독점 계약으로 도서출판 혜지원에 있습니다.
저작권법에 의해 한국 내에서 보호를 받는 저작물이므로 무단전재와 복제를 금합니다.

이 도서의 국립중앙도서관 출판예정도서목록(CIP)은 서지정보유통지원시스템 홈페이지(http://seoji.nl.go.kr)와
국가자료공동목록시스템(http://www.nl.go.kr/kolisnet)에서 이용하실 수 있습니다.(CIP제어번호: CIP2018013028)

꽃 종이접기

다나카 다카코 지음 | 지윤철 옮김

혜지원

머 리 말

이 책에 게재되어있는 작품들은 모두 제가 직접 운영하는 "꽃 종이접기 강좌"에서 수강생 분들과 함께 제작한 것으로 다들 재밌게 만들었던 입체 종이접기입니다. 이번에 출판을 계기로 "꽃 종이접기(역주: 일본어로는 오리바나인데, 이는 종이접기인 오리가미와 꽃인 하나를 합성한 단어)"라고 부르기로 하였습니다.

종이접기 꽃 작품을 구상할 때 수없이 꽃집을 다니면서 생화를 관찰하고, 도서관 등에서 꽃과 관련된 전문자료를 조사하면서 꽃잎의 모양, 개수, 꽃술, 꽃받침, 잎의 형태나 위치 등을 알아보면서 꽃 본연의 특징을 살리려고 노력했습니다.

실제로 종이접기를 거듭하며 꽃의 형태를 만들어나가는 과정에서 손쉽게 만들어나간 작품도 있고, 시행착오를 거듭하면서 만드는 데 무척이나 고생한 작품도 있습니다. 그렇지만 어느 작품이든 간에 원래의 꽃과 비슷하게 하기 위해 일일이 독자적인 방법을 고안해냈기 때문에 다시 보니 감개무량합니다.

사용한 종이는 모두 일본의 전통 종이인 '와시'입니다. 그 이유는 태양빛 아래에서 생기있게 피어있는 꽃의 빛나는 생명력과 미묘한 색깔의 차이와 부드러운 꽃의 촉감을 와시가 아니고서는 표현할 수 없기 때문입니다. 그리고 도안은 저자의 생각을 독자에게 쉽게 전달하고자 전문가와 제작방법을 논의하여 보다 자세하고, 세밀하게 연구했습니다.

이 책이 출판되기까지 도와주신 많은 분들께 감사 인사를 표합니다. 마지막으로 꽃 종이접기의 세계에 조금이나마 관심을 가지고 즐길 수 있기를 진심으로 바랍니다.

다나카 다카코

Contents

머리말	5
준비 도구	8
종이접기 기호	9
종이접기의 기본	12
정오각형 접는 법	14
정육각형 접는 법	15
꽃 종이접기 갤러리	141

● Spring

카네이션 p.16

거베라 p.22

장미 p.28

프리지어 p.41

초롱꽃 p.49

● Summer

클레마티스 p.59

수국 p.65

치자꽃 p.71

• *Autumn*

나팔꽃 p.81

푸크시아 p.91

국화 p.99

황제 달리아 p.105

부겐빌레아 p.115

도라지꽃 p.123

• *Winter*

동백꽃 p.129

시클라멘 p.135

{ 준비 도구 }

1. 종이

이 책에서는 일본 전통 종이인 '와시'를 사용하였습니다. 와시는 부드럽고 탄력도 있는 데다가 튼튼하기 때문에 꽃 종이접기를 하기에는 안성맞춤입니다. 하지만 우리나라에서는 구하기 어려우니 색한지를 사용하면 됩니다. 꼭 색한지가 아니더라도 꽃에 따라 색종이를 사용해도 좋습니다.

2. 목공풀(공예용)

각 작품마다 풀로 붙여가며 작업합니다.

3. 꽃철사

꽃줄기나 잎, 꽃수술 등에 사용합니다. 작품에 따라 사용하는 굵기나 색깔이 다릅니다. 굵기에 따라 18호(굵은 것), 27호(얇은 것) 등으로 표기되어 있습니다.

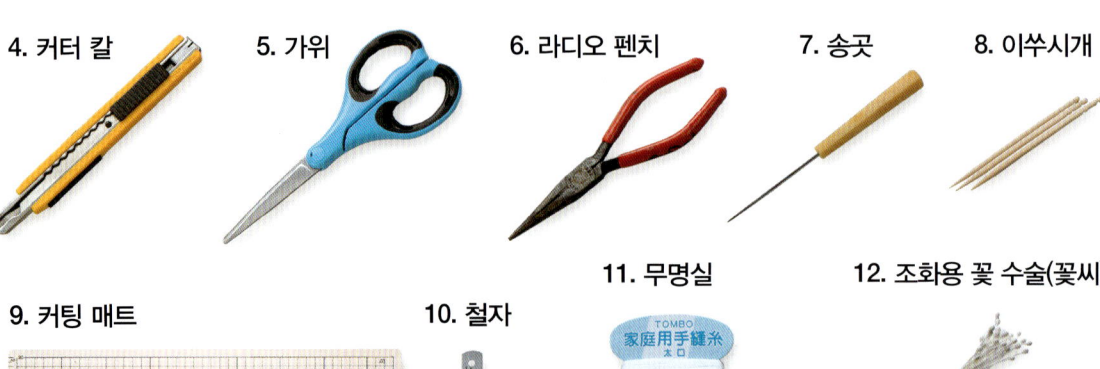

4. 커터 칼   5. 가위   6. 라디오 펜치   7. 송곳   8. 이쑤시개

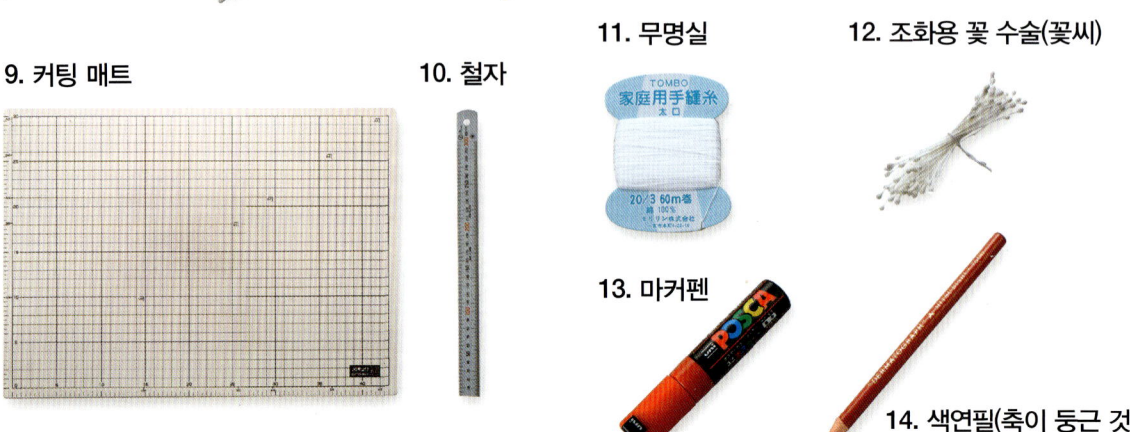

9. 커팅 매트   10. 철자   11. 무명실   12. 조화용 꽃 수술(꽃씨)   13. 마커펜   14. 색연필(축이 둥근 것)

{ 종이접기 기호 1 }

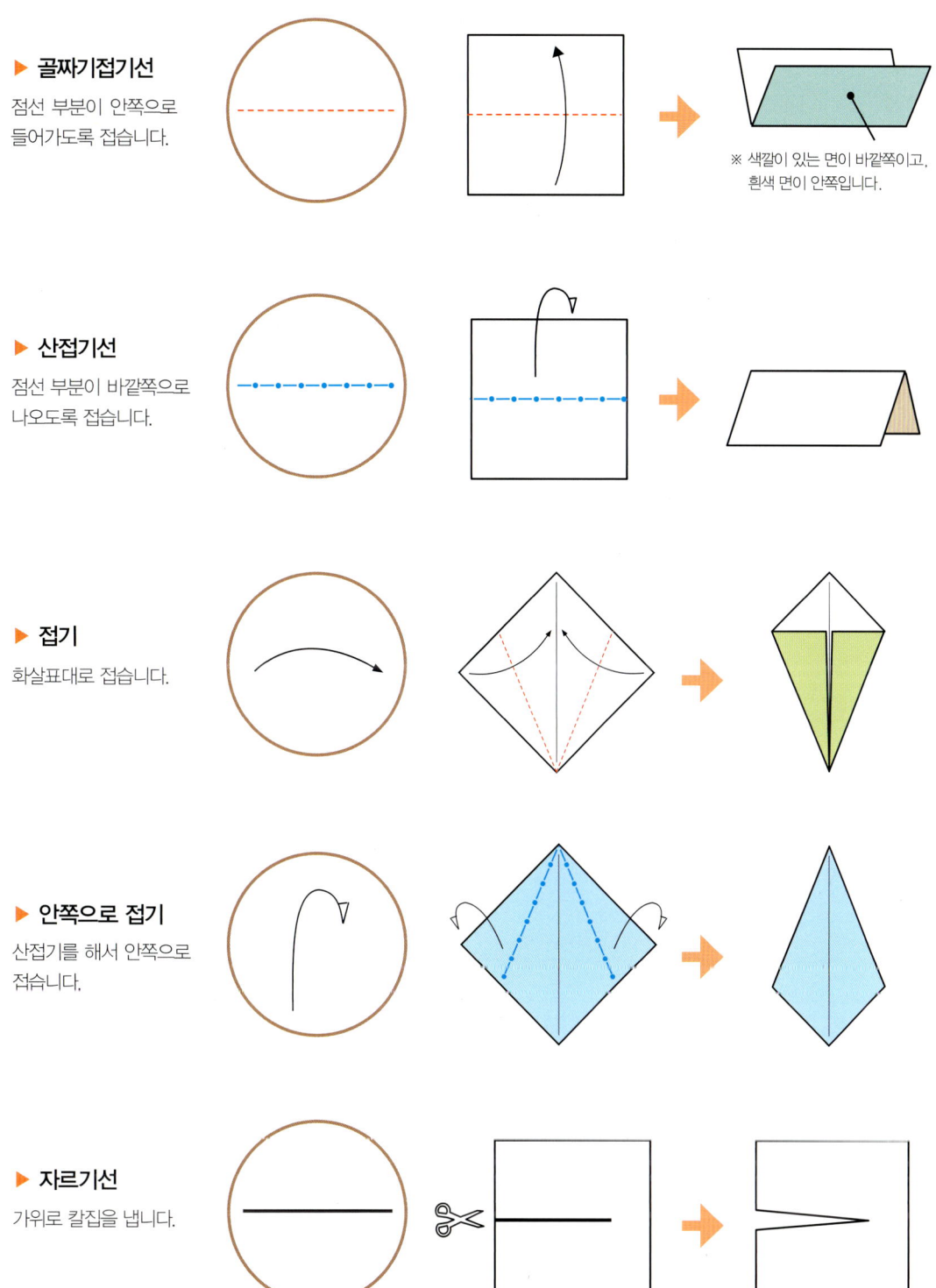

▶ **접기선 만들기**
접은 후에 다시 원위치 시킵니다.

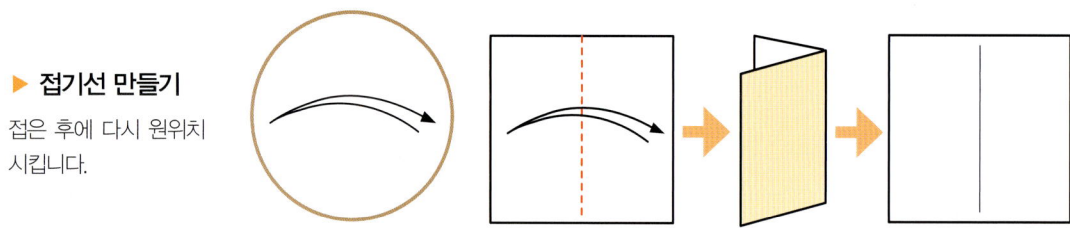

{ 종이접기 기호 2 }

▶ **펼치기**
종이 사이를 펴니다.

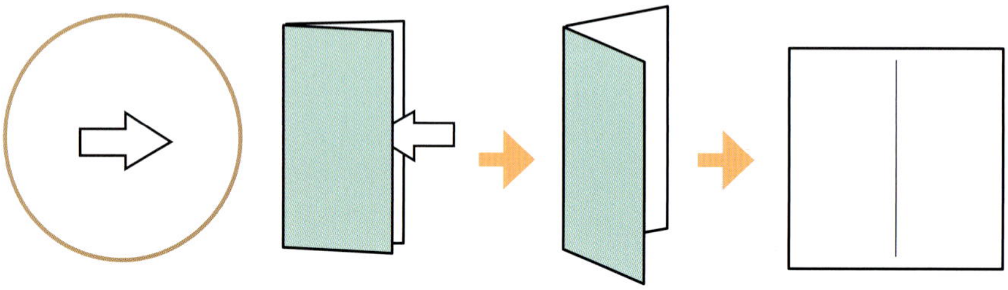

▶ **방향전환**
그대로 왼쪽이나 오른쪽으로 회전시킵니다.

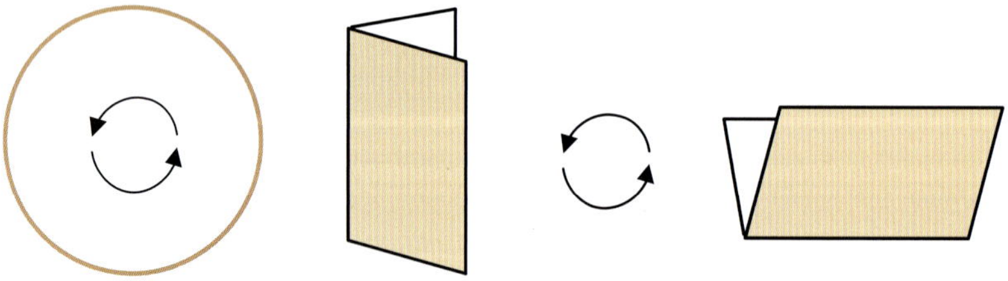

▶ **뒤집기**
그대로 뒤집습니다.
(상하는 거꾸로 하지 않습니다)

▶ **똑같이 나눔**
각도나 변을 똑같이 나눕니다.

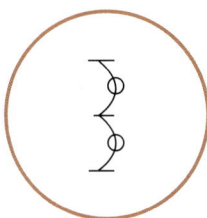 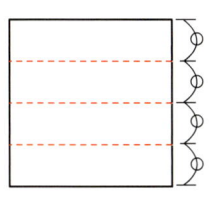 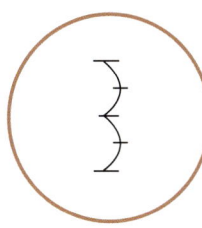 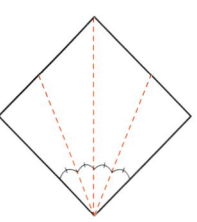

▶ **그림 확대**
그림을 확대해서 설명합니다.

▶ **그림 축소**
그림을 축소해서 설명합니다.

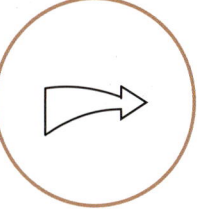

▶ **확대도**
○ 안쪽에 있는 그림을 확대해서 설명합니다.

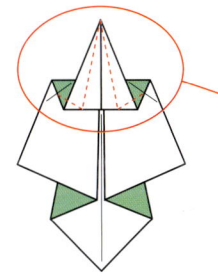 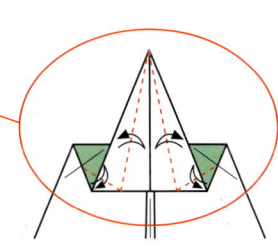

{ 종이접기의 기본 }

▶ 사각접기

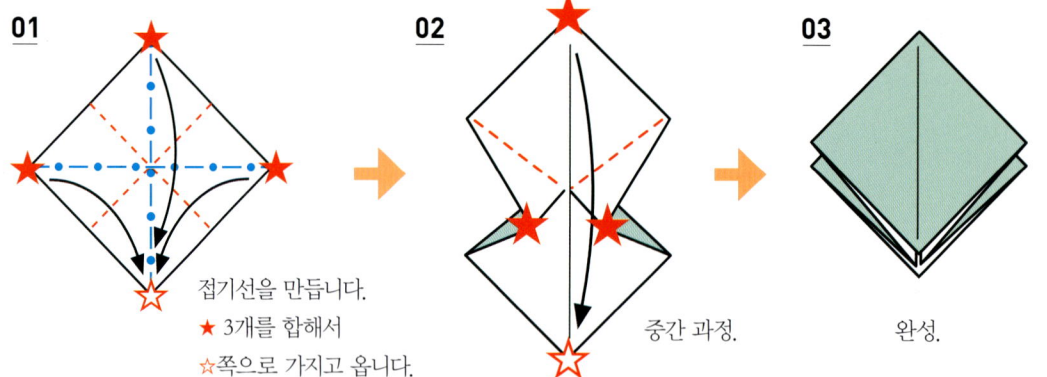

접기선을 만듭니다.
★ 3개를 합해서
☆쪽으로 가지고 옵니다.

중간 과정.

완성.

▶ 삼각접기

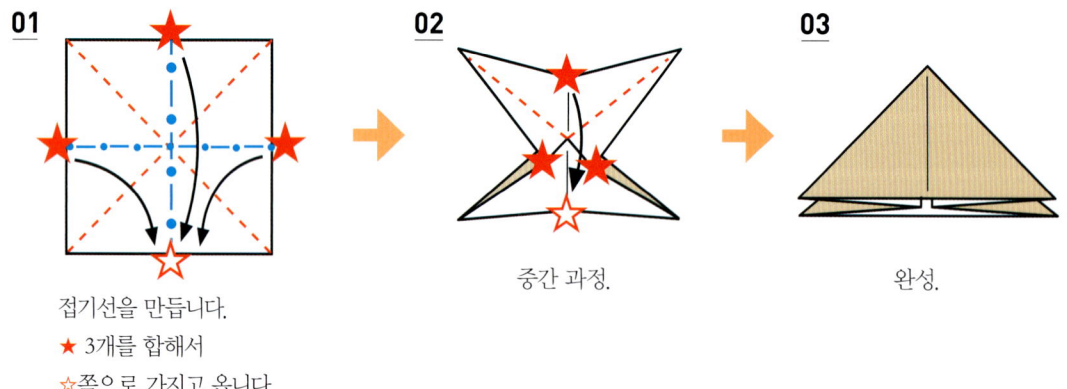

접기선을 만듭니다.
★ 3개를 합해서
☆쪽으로 가지고 옵니다.

중간 과정.

완성.

▶ 안으로 넣어 접기

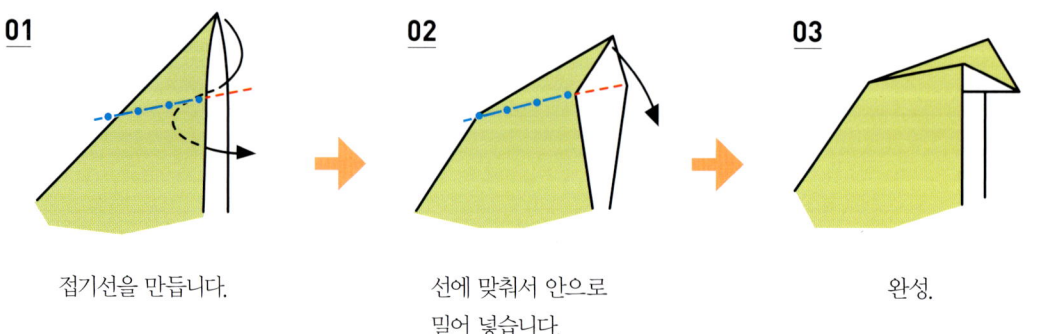

접기선을 만듭니다.

선에 맞춰서 안으로
밀어 넣습니다.

완성.

▶ 밖으로 뒤집어 접기

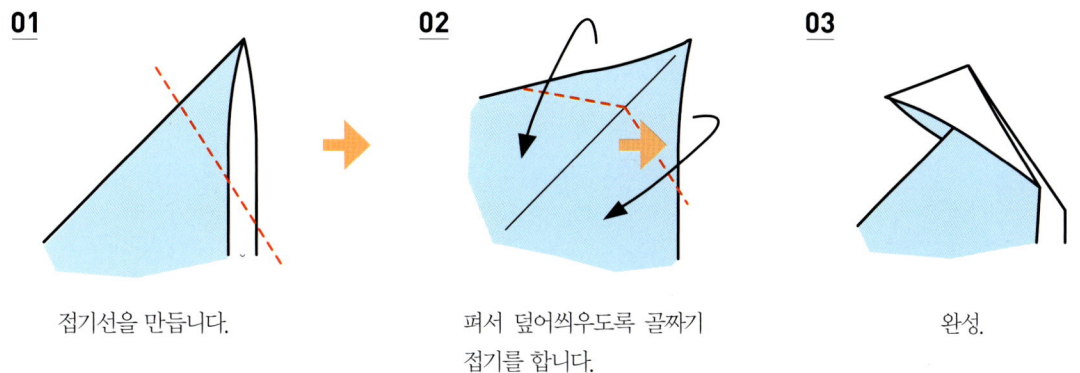

접기선을 만듭니다.

펴서 덮어씌우도록 골짜기 접기를 합니다.

완성.

▶ 계단접기

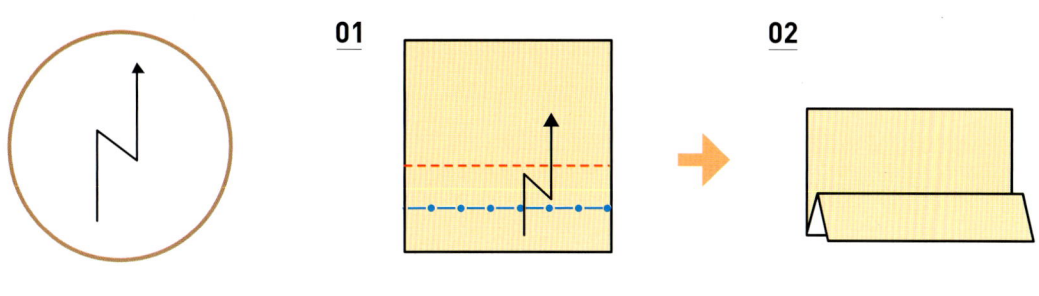

산접기를 하고 나서 골짜기접기를 하면 계단접기가 됩니다.

완성.

{ 정오각형 접는 법 }

종이접기로 정오각형을 만드는 방법입니다.
초롱꽃(p.49)이나 나팔꽃(p.81) 등에서 사용합니다.

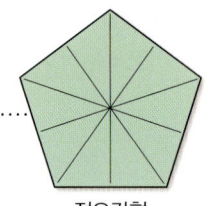

정오각형

01
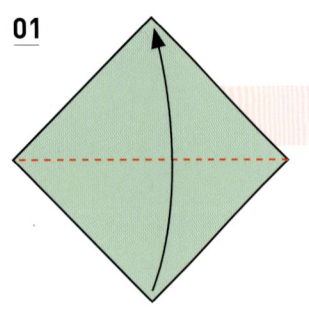

바깥쪽을 위로 하고
반으로 접습니다.

02
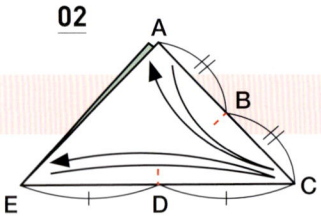

A와 C, C와 E의 정중앙에
표시(B, D)를 합니다.

03
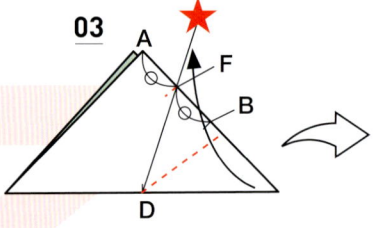

A와 B의 정중앙에 F표시를 합니다.
F와 D를 연결한 선(★선)에 맞춰서
모서리를 접습니다.

04
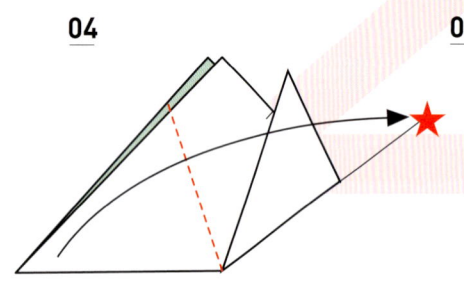

★선에 맞춰서
좌측을 접습니다.

05
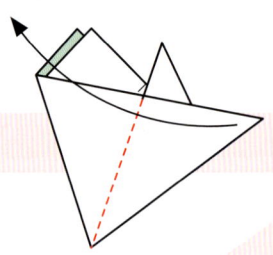

03에서 접은 부분에 맞춰서
골짜기접기를 합니다.

06
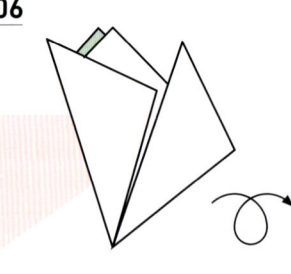

접은 모습.

07
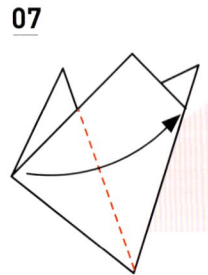

뒤집어 골짜기접기를
합니다.

08
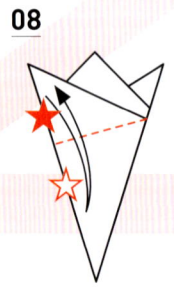

위의 한 장만 ★을 ☆에
맞춰서 접기선을 만듭니다.

09
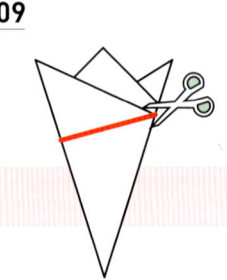

08에서 만든 접기선을 따라
한꺼번에 잘라내고 폅니다.

10
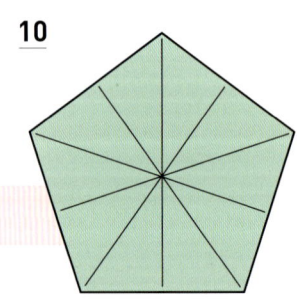

{ 정오각형 완성 }

{ 정육각형 접는 법 }

종이접기에서 정육각형을 만드는 방법입니다.
프리지어(p.41)나 치자꽃(p.71) 등에서 사용합니다.

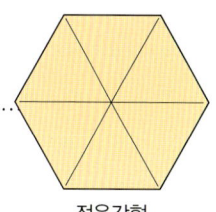
정육각형

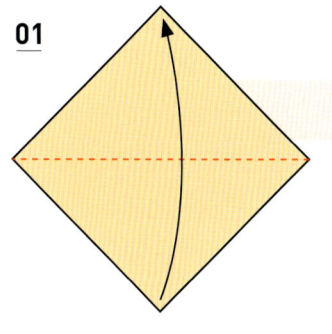
01
바깥쪽을 위로 하고 반으로 접습니다.

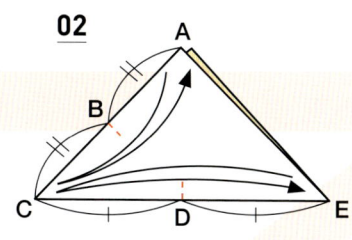
02
A와 C, C와 E의 정중앙에 표시(B, D)를 합니다.

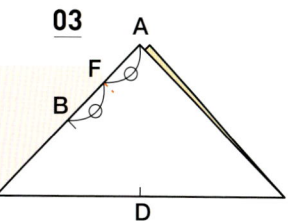
03
A와 B의 정중앙에 F표시를 합니다.

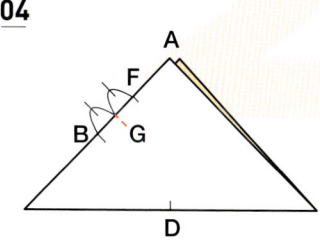
04
F와 B 사이에 G표시를 합니다.

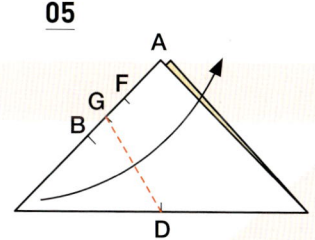
05
G와 D를 연결한 선에서 골짜기접기를 합니다.

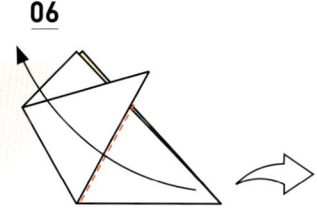
06
05에서 접은 부분에 맞춰서 골짜기접기를 합니다.

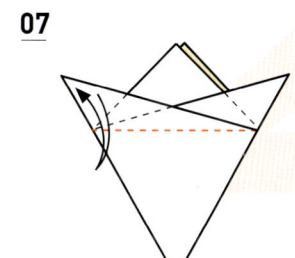
07
아랫부분을 선에 맞춰 접어 접기선을 만듭니다.

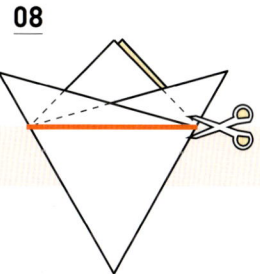
08
07에서 만든 접기선을 따라 한꺼번에 잘라내고 폅니다.

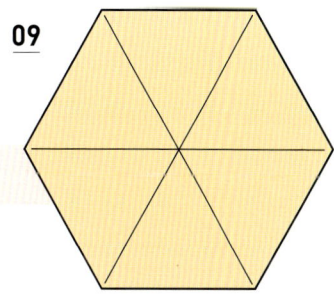
09
{ 정육각형 완성 }

Let's Make Flower 1

[Spring 카네이션]

• Information •

• 종이 사이즈(꽃 1세트 분)
꽃 – 6cm×12cm 5매
꽃받침 – 5cm×5cm 1매
꽃대 – 습자지 2cm×24cm 1매
잎 – 1.5cm×7.5cm 2매

• 기타 필요한 것
무명실 굵은 것(흰색) 15cm(꽃용)
27호 꽃철사 12cm 2개(잎용)
18호 꽃철사 36cm 1개(줄기용)

❋ 꽃 접기

②~⑥까지 접기선을 만들 때 종이를 맞춰서 접으면 깔끔하게 마무리됩니다.
②부터는 알기 어려우므로 한 장으로 표시했습니다.

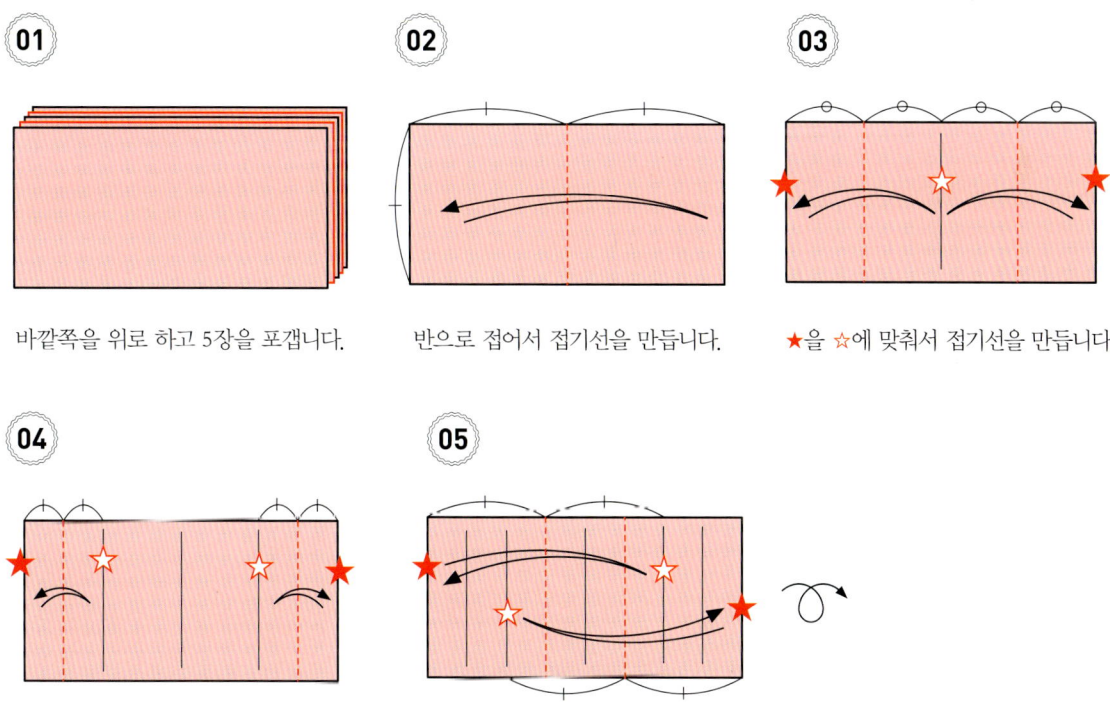

01 바깥쪽을 위로 하고 5장을 포갭니다.

02 반으로 접어서 접기선을 만듭니다.

03 ★을 ☆에 맞춰서 접기선을 만듭니다.

04 ③에서 표시한 ☆선에 ★을 맞춰서 접기선을 만듭니다.

05 그림과 같이 ★을 ☆에 맞춰서 접기선을 만듭니다.

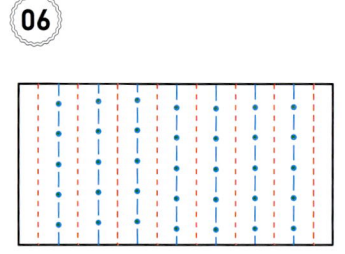

06

2~5 에서 만든 접기선과 접기선의 사이를 지그재그로 접습니다. 양측은 끝과 접기선의 사이를 골짜기접기를 합니다.

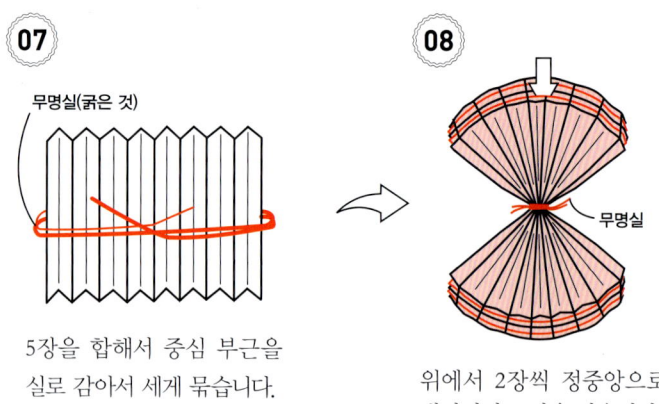

07

무명실(굵은 것)

5장을 합해서 중심 부근을 실로 감아서 세게 묶습니다.

08

무명실

위에서 2장씩 정중앙으로 내리면서 모양을 잡습니다.

09

실

1장씩 끌어 올린 모습.
○ 가운데의 실이 보이지 않도록 주위의 종이를 더 뭉칩니다.

10

{ 꽃 완성 }

❋ 꽃대 만들기

꽃과 줄기를 연결하기 위한 받침대를 만듭니다.

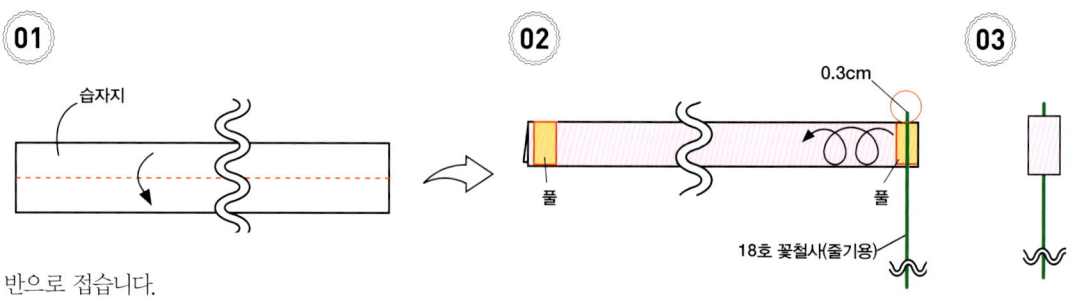

01

습자지

반으로 접습니다.
습자지는 미용티슈로도 대용할 수 있습니다.
(결대로 찢어서 지정된 사이즈로 잘라서 사용합니다.
모자라는 경우에는 덧대서 이어주세요)

02

0.3cm

풀   풀

18호 꽃철사(줄기용)

18호 꽃철사(줄기용)를 종이 위로 약 0.3cm 정도 튀어나오도록 해두고, 풀을 붙이면서 말아줍니다.

03

{ 꽃대 완성 }

18 꽃 종이접기

✽ 꽃받침을 접어서 꽃에 붙이기

꽃받침을 접어서 꽃대와 연결합니다.

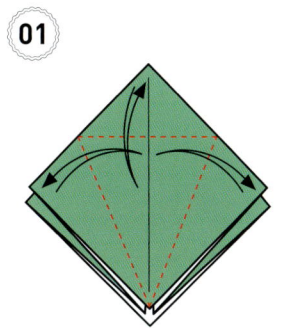

01 사각접기(p.12)에서 접기선을 만듭니다. 뒤쪽도 똑같이 합니다.

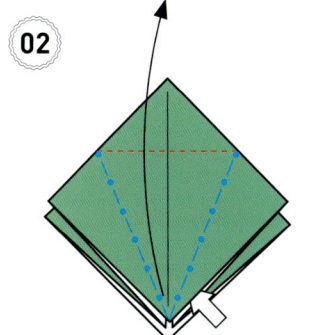

02 위의 1장만 사이를 펴고 접습니다.

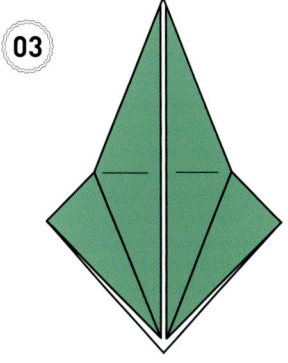

03 접은 모습입니다. 뒤쪽도 똑같이 합니다.

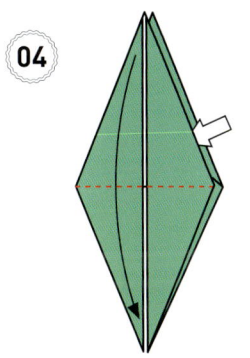

04 윗부분은 내리고 화살표 방향으로 펼칩니다.

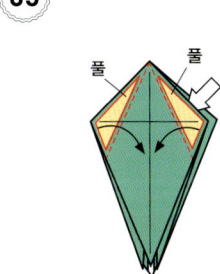

05 정중앙의 선에 맞춰서 양쪽을 접어서 풀칠합니다. 뒤쪽도 똑같이 합니다.

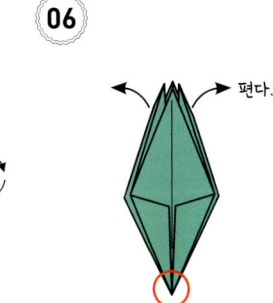

06 위쪽을 조금 펴고 ○ 부분에 송곳으로 구멍을 뚫습니다.

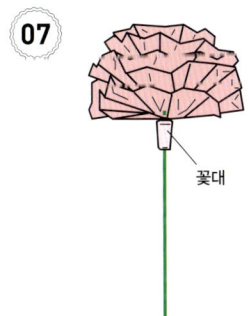

07 꽃대 끝과 튀어나온 꽃철사에 풀칠을 하고, 꽃 중심 아래쪽에 끼워서 풀칠을 합니다.

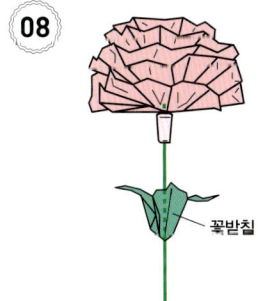

08 꽃대 바깥쪽에 풀칠을 합니다. 꽃철사를 꽃받침 가운데로 통과시켜 꽃받침과 꽃대를 붙입니다.

[밑에서 본 모습]

🌸 잎 접기

잎을 2장 접습니다.

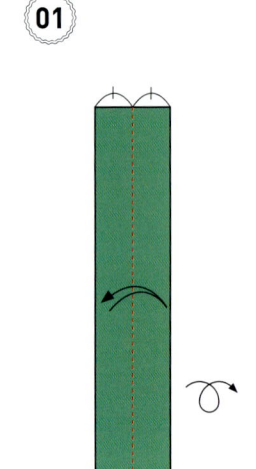

01

바깥쪽을 위로 하고 반으로 접어 접기선을 만듭니다.

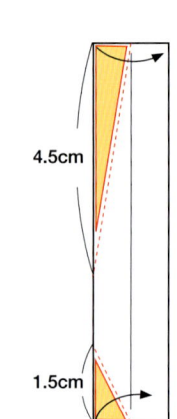

02

그림의 위치에서 안으로 접고 풀칠을 합니다.

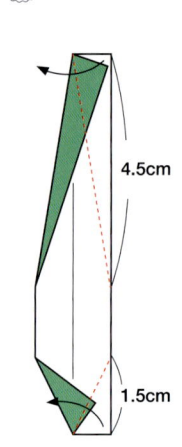

03

다시 그림과 같이 안으로 접습니다.

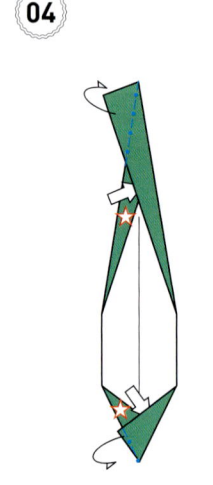

04

사이를 펴고 ☆ 부분을 펼쳐 바깥으로 나온 부분도 산접기를 하며 풀칠합니다.

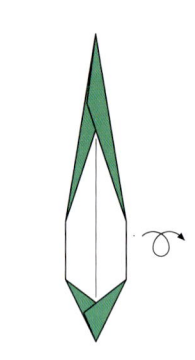

05

뒤로 뒤집습니다.

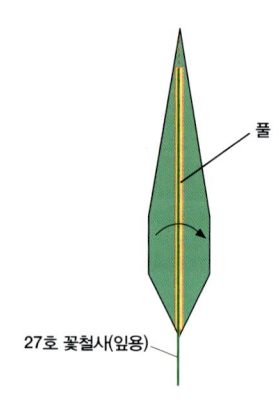

06

27호 꽃철사(잎용)에 풀칠해서 가운데에 두고 골짜기 접기를 합니다.

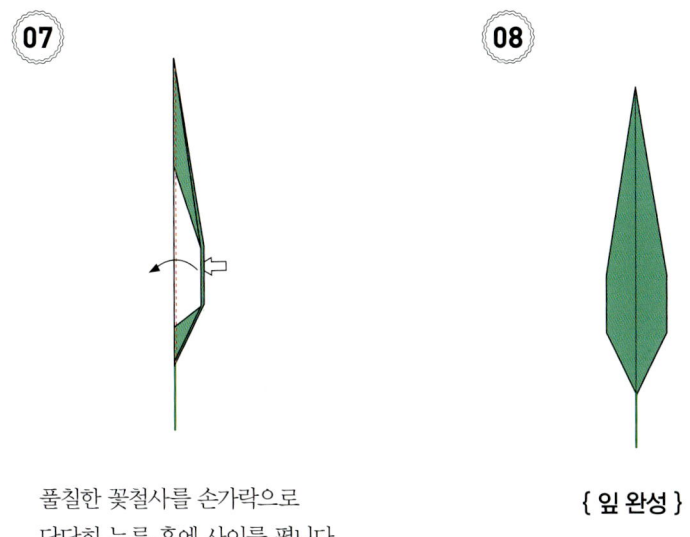

⑦ 풀칠한 꽃철사를 손가락으로
단단히 누른 후에 사이를 폅니다.

⑧ { 잎 완성 }

🌼 마무리

줄기에 잎을 붙여서 마무리합니다.

① 꽃받침 아래 약 6cm 지점에 잎을 2장 붙입니다.
잎 2장을 줄기 꽃철사와 함께 꽃테이프로 비스
듬히 얇게 맙니다.

② 잎을 둥글게 구부립니다.

Let's Make Flower 2
Spring 거베라

• Information •

• 종이 사이즈(꽃 1세트 분)

큰 꽃(바깥쪽) – 7cm×7cm 5매
작은 꽃(안쪽) – 6cm×6cm 5매
꽃술 – 꽃술의 사이즈와 포개는 방법 표 참조

• 기타 필요한 것

18호 꽃철사 12cm 1개(꽃술용)

꽃 접기

큰 꽃(바깥쪽), 작은 꽃(안쪽) 접는 방법은 모두 똑같습니다.

01

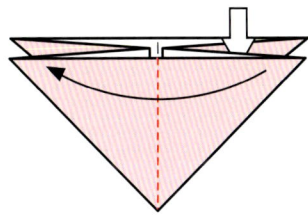

삼각접기(p.12)에서 화살표대로 사이를 펼쳐서 오른쪽의 한쪽을 왼쪽으로 젖힙니다.

02

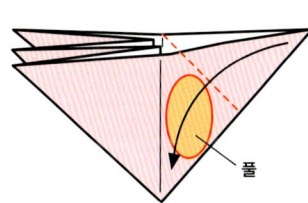

남은 오른쪽의 한쪽을 삼각으로 접고 풀칠을 꼼꼼하게 해줍니다.

03

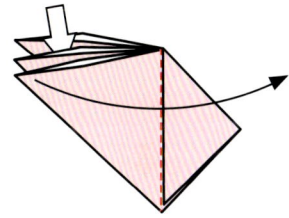

왼쪽의 두 쪽을 오른쪽으로 젖힙니다.

04

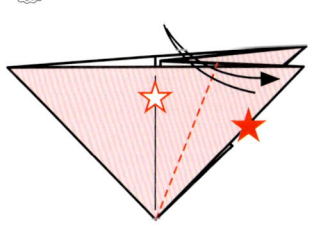

그림과 같이 한쪽에서 ★을 ☆에 맞춰서 접기선을 만듭니다.

05

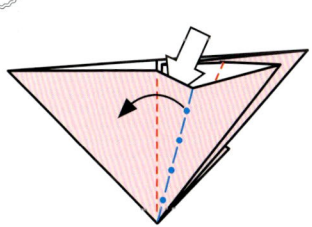

④에서 만든 접기선으로 사이를 펴서 눌러줍니다.

06

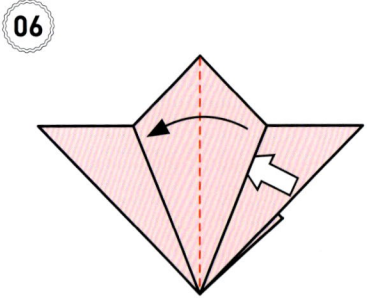

⑤에서 편 부분을 반으로 접습니다.

07

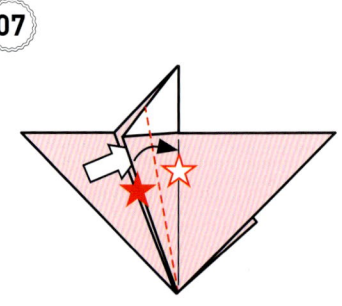

사이를 펴서 ★을 ☆에 맞춰서 접습니다.

08

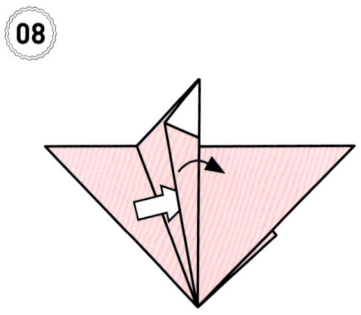

사이를 펴서 오른쪽으로 젖힙니다.

09

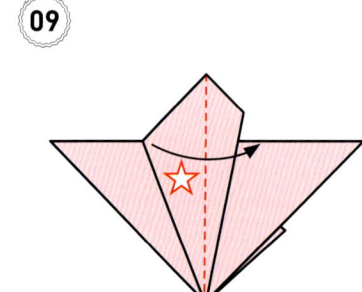

☆ 부분도 오른쪽으로 젖히고 6~8 까지 똑같이 합니다.

10

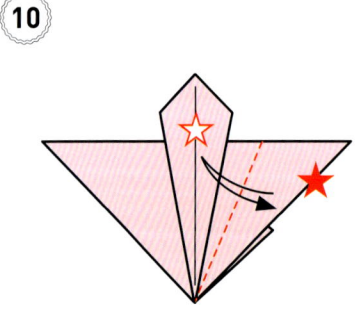

★을 ☆에 맞춰서 접기선을 만듭니다.

11

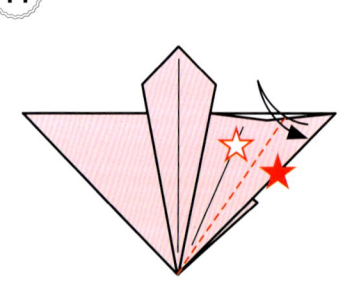

★을 ☆에 맞춰서 접기선을 만듭니다.

⑫

10~11 에서 만든 접기선으로 사이를 펴서 눌러줍니다.

⑬

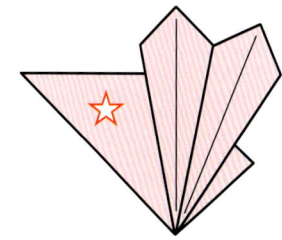

☆ 부분도 10~12 까지 똑같이 합니다.

⑭

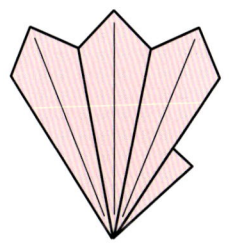

접은 모습. 꽃 1개당 큰 것 5장, 작은 것 5장을 만듭니다.

⑮

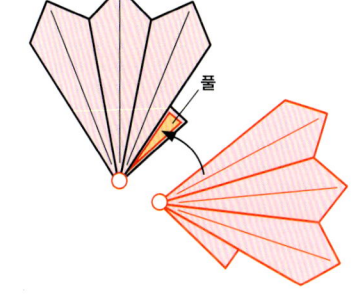

그림의 삼각 부분에 풀칠해서 꽃잎 큰 것 5장을 붙이면서 둥글게 합니다.

⑯

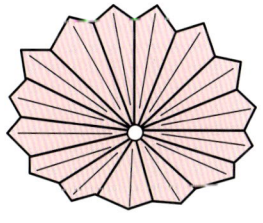

[꽃잎 큰 것 5장을 포갠 모습]

⑰

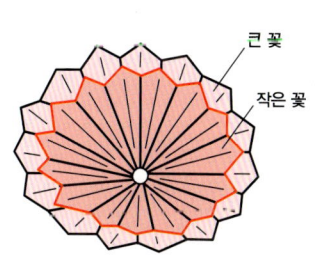

큰 꽃 위에 작은 꽃을 포갭니다.
꽃잎을 포개는 방법에 변화를 주면 꽃의
느낌이 달라집니다.(p.26 마무리 참조)

거베라 25

❀ 꽃술 만들기

꽃술의 종이 사이즈는 p.27를 참조해주세요.

01

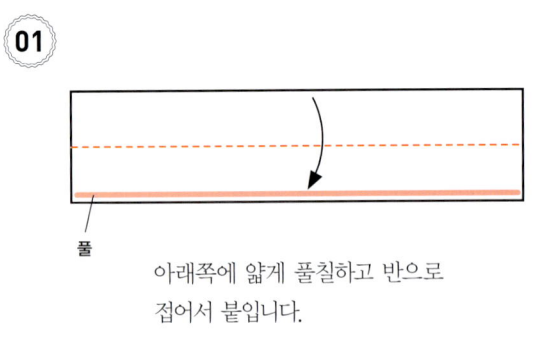

아래쪽에 얇게 풀칠하고 반으로 접어서 붙입니다.

02

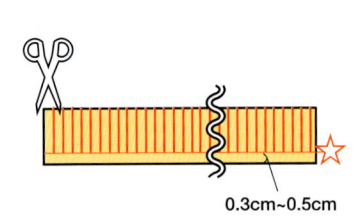

아래를 조금 남기고 ☆선까지 칼집을 넣습니다. 꽃술은 총 3장으로 A, B, C 모두 똑같이 합니다.

03

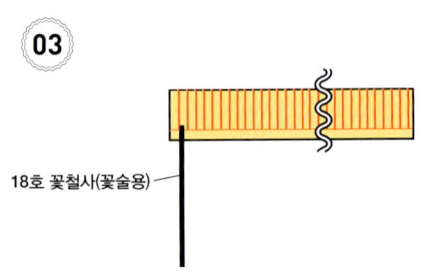

꽃술 A 끝에 18호 꽃철사(꽃술용)를 대고 풀칠을 하면서 맙니다. 되도록 하단을 가지런하게 말아주세요.

04

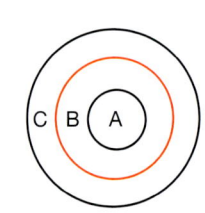

맨 마지막 부분을 풀칠합니다. 꽃술 B, C도 똑같이 해서 바깥으로 말아 갑니다.(오른쪽 그림 참조)

[꽃술을 위에서 본 그림]

❀ 마무리

꽃에 꽃술을 붙이고 마무리합니다.

01

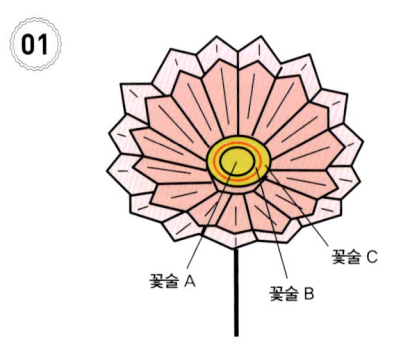

꽃술을 꽃 가운데 끼우고 풀칠합니다. 마르면 꽃철사의 아랫부분을 잘라냅니다.

02

취향대로 꽃잎 포개는 법을 바꾸면서 마무리해봅시다.

TIP 다양한 꽃잎 만들기

꽃잎 포개는 법을 바꾸면 다른 느낌의 거베라가 됩니다.
아래 그림과 사진을 참고로 여러 가지 형태로 만들어봅시다.

포개는 법 1

큰 꽃 하나로만 만든 것

포개는 법 2

큰 꽃과 작은 꽃의 꽃잎
모서리 부분이 어긋난 것

포개는 법 3

큰 꽃과 작은 꽃의 꽃잎
모서리 부분을 일치시킨 것

TIP 꽃술의 색깔과 크기 바꾸기

꽃잎뿐 아니라 꽃술의 색깔이나 크기, 포개는 방법을 바꾸면 더욱 다른 느낌의 거베라를 만들 수 있습니다.
꽃술의 종이 사이즈는 아래 표를 참고해주세요.

포개는 법	꽃술의 종이 사이즈
1	꽃술 A - 1.5cm×28.5cm 1매 꽃술 B - 2cm×21cm 1매 꽃술 C - 2.5cm×21cm 1매
2	꽃술 A - 1.5cm×31.5cm 1매 꽃술 B - 2.5cm×30cm 1매 꽃술 C - 3cm×30cm 1매
3	꽃술 A - 1.5cm×31.5cm 1매 꽃술 B - 3cm×31.5cm 1매 꽃술 C - 없음

Let's Make Flower 3

Spring 장미

• Information •

• 종이 사이즈(꽃 1세트 분)

꽃잎 – 1단 3cm×6cm 3매
　　　 2단 4cm×8cm 5매
　　　 3단 5cm×10cm 7매
　　　 4단 6cm×12cm 9매

꽃술 – 2.5cm×6cm 1매

꽃받침 – 7.5cm×7.5cm 2매

잎 – 소 3cm×3cm 4매
　　 중 3.5cm×3.5cm 4매
　　 대 4cm×4cm 2매

• 기타 필요한 것

18호 꽃철사 36cm 1개(꽃술용)
27호 꽃철사 9cm 10개(잎용)
23호 꽃철사 36cm 2개(가지용)

🌸 꽃잎 접기

꽃잎을 사이즈를 달리해서 모두 24장 접습니다.

01

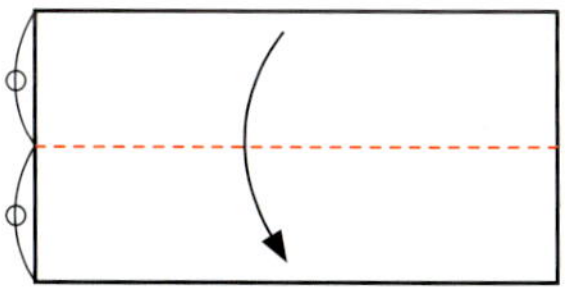

안쪽을 위로 하고
반으로 접습니다.

02

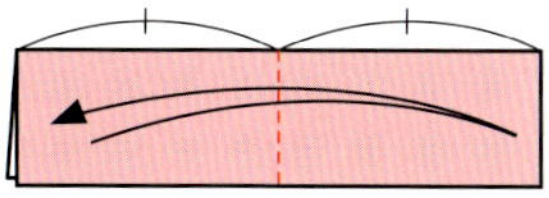

반으로 접어서
접기선을 만듭니다.

03

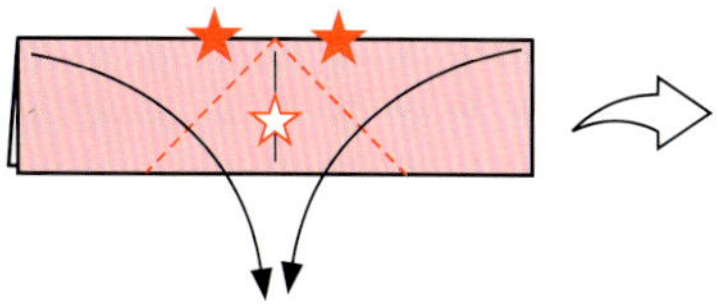

★을 ☆에 맞춰서
안으로 접습니다.

04

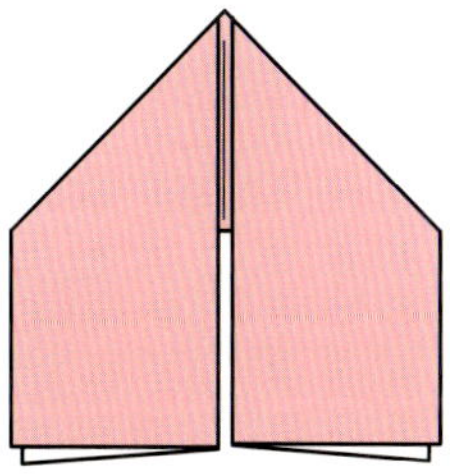

접은 모습.

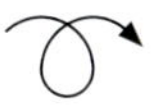

05

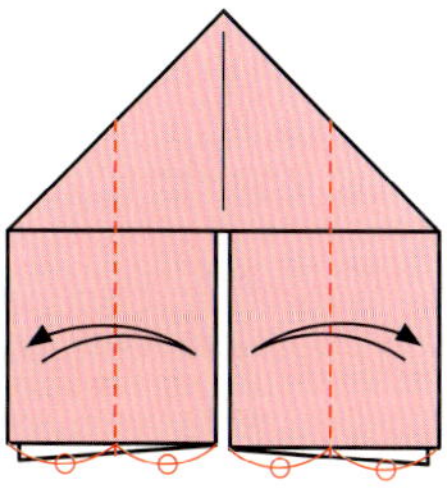

양쪽 모두 접어서
접기선을 만듭니다.

06

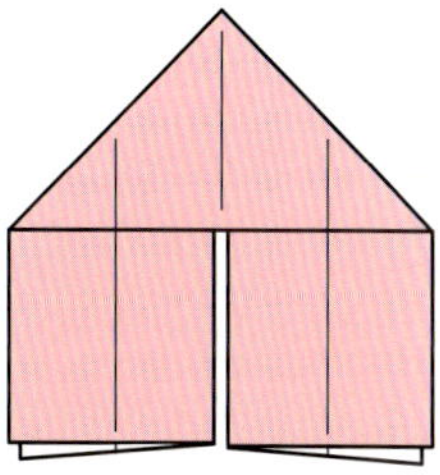

{ 꽃잎 완성 }
모두 24장 만듭니다.

🌸 꽃술 만들기

꽃술을 만듭니다.

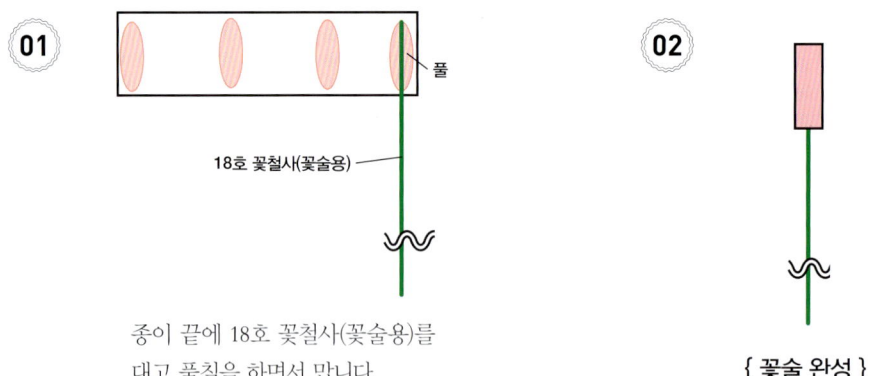

01 풀
18호 꽃철사(꽃술용)

종이 끝에 18호 꽃철사(꽃술용)를 대고 풀칠을 하면서 맙니다.

02
{ 꽃술 완성 }

🌸 꽃 만들기

꽃술과 꽃잎을 조립해갑니다.
아래의 사진에서는 알기 쉽도록 꽃술과 꽃잎의 색깔을 바꾸었습니다.

01
1단(가장 안쪽)의 꽃잎 3장
꽃술

꽃잎 3장으로 1단(가장 안쪽)을 만듭니다. 꽃잎을 뒤집습니다.

02 
다른 한장의 ☆ 부분에 풀칠합니다.
☆을 ★의 사이에 끼워서 붙입니다.

03 
붙인 모습. 뒤집습니다.

04 
☆과 ★의 사이를 펴서 ★을 접기선 대로 접습니다.

05 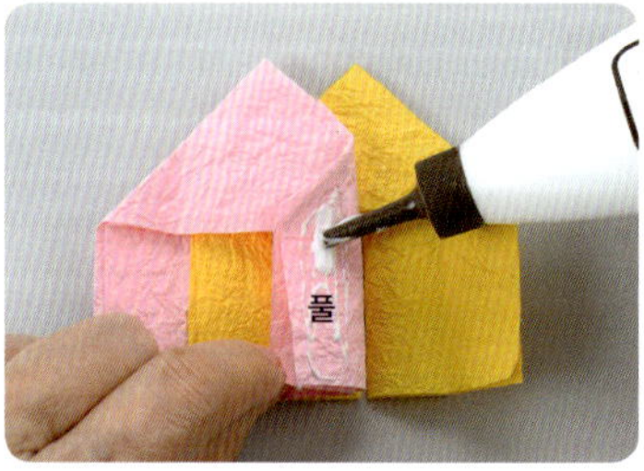
④에서 접은 부분에 풀칠하고 원위치시킵니다.

06 
단단히 붙입니다.

⑦

②~⑥까지 똑같이 하고, 세 번째를 붙입니다. 뒤집습니다.

⑧

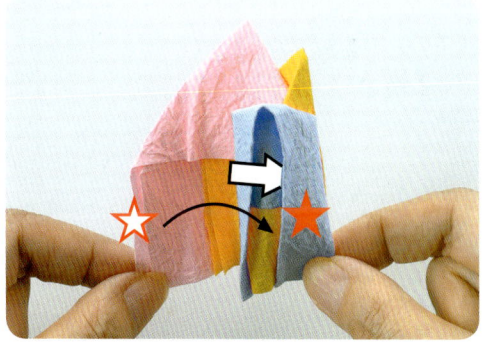

☐ 표시된 부분을 끝부분에서 촘촘하게 접어나갑니다.

⑨

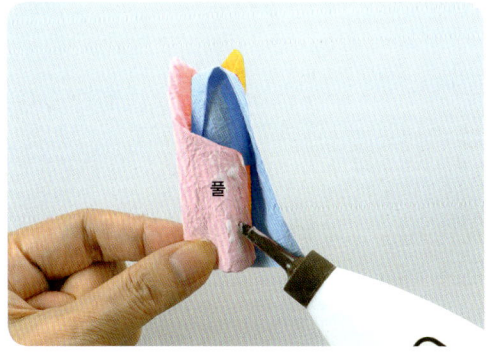

촘촘하게 접은 모습. ⑧의 상태로 잠시 원위치시켰다가 3장을 둥글게 맙니다.

⑩

★의 밑부분을 조금 펴서 ②와 마찬가지로 ☆을 끼워 넣습니다.

⑪

②와 마찬가지로 풀을 칠해서 단단히 붙입니다.

⑫

붙인 모습. 밑동을 단단히 눌러줍니다.

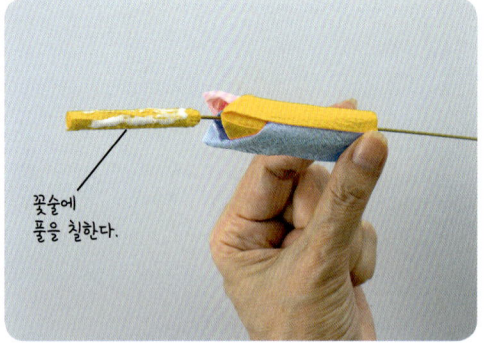

꽃술에 풀을 칠한다.

꽃잎 가운데에 꽃술을 끼웁니다.

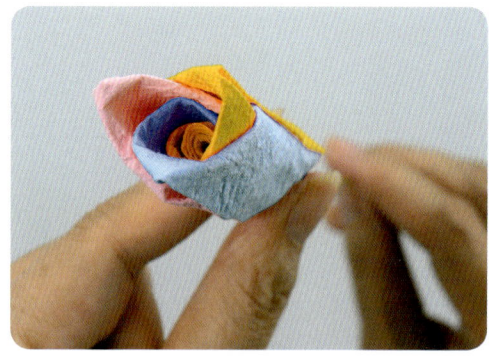

꽃잎의 밑동까지 단단히 끼워 넣습니다.

밑동 쪽에 풀을 넉넉하게 칠하고 밑동을 죄어줍니다.

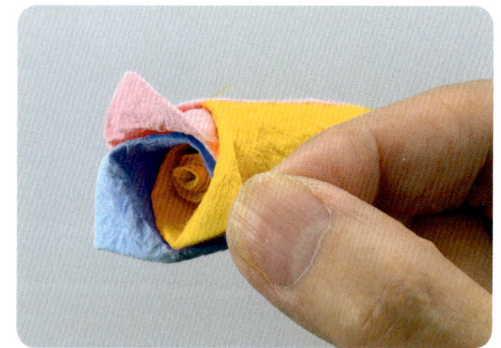

꽃잎을 바깥쪽으로 젖혀줍니다.

실제로는 사진과 같이 꽃술과 꽃잎을 같은 색으로 만듭니다.

2~4단의 꽃잎을 **1~12** 와 똑같이 해서 붙입니다.

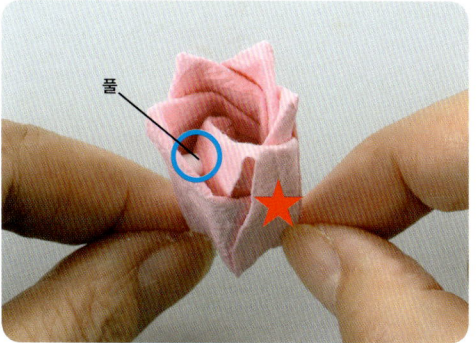

2~4단은 마지막에 끼워 넣은 ★ 옆의 ○ 안에 풀칠합니다.

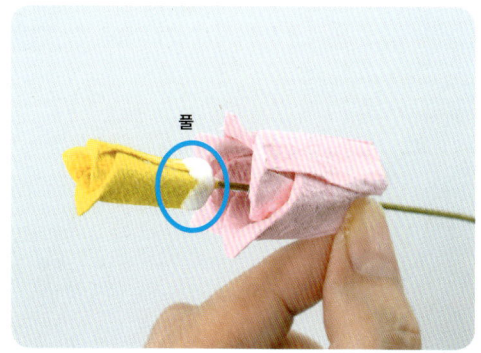

꽃술 ○ 부분에 풀칠을 하여 끼워 넣고 단단히 붙입니다.

꽃잎을 바깥쪽으로 젖혀줍니다. 2단 완성.

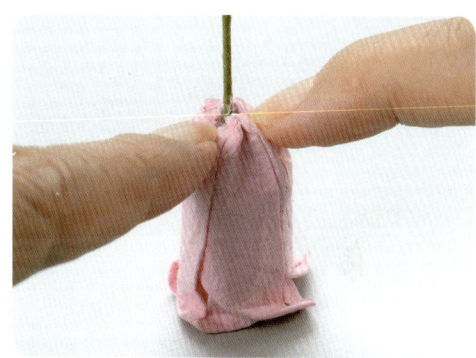

꽃의 밑동 부분이 평평해지도록 꽉 눌러줍니다.

3단, 4단도 똑같이 해서 붙입니다.

풀을 칠하고 밑동 부분이 평평해지도록 눌러줍니다.

❄ 꽃받침을 접어서 꽃에 붙이기

꽃받침 A와 B, 두 종류를 만들어서 꽃철사에 꽃받침을 붙입니다.

◆ 꽃받침 A 접기

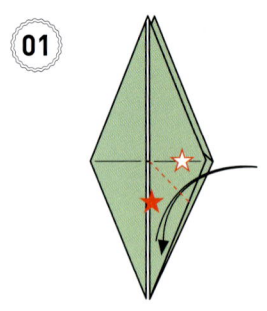

카네이션(p.19)의 ④에서,
★을 ☆에 맞춰서 접기선
을 만들어줍니다.

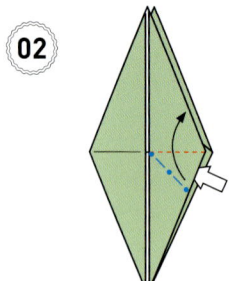

사이를 펴서 눌러줍니다.

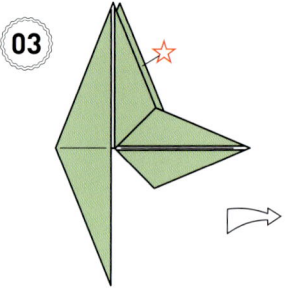

누른 모습.
왼쪽도 1~2와 똑같이 합니다.
안쪽(☆)을 내려줍니다.

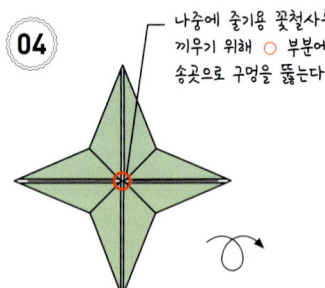

{ 꽃받침 A 완성 }

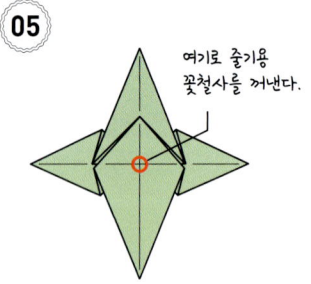

꽃받침 A를 뒤집은 모습.

◆ 꽃받침 B 접기

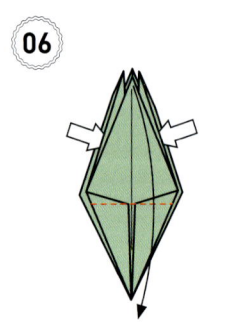

카네이션(p.19)의 ⑥에서,
사이를 펴면서 1장을 앞쪽
으로 접습니다.

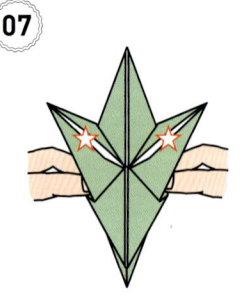

양쪽의 ☆을 좌우로
펴서 눌러 줍니다.

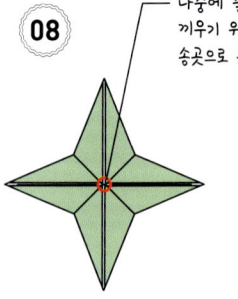

{ 꽃받침 B 완성 }

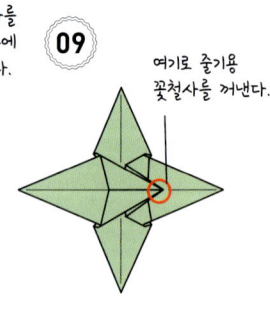

꽃받침 B를 뒤집은 모습.

10

꽃받침 A의 ○ 부분(**4~5** 참조)에 송곳으로 구멍을 뚫습니다.

11

뒤집어서 가운데에 풀칠합니다.

12

꽃철사에 꽃받침 A를 끼웁니다.

13

꽃받침 B의 ○ 부분(**8~9** 참조)에 송곳으로 구멍을 뚫습니다.

14

11과 마찬가지로 풀을 칠하고, 꽃받침 A의 위쪽에 붙입니다.

15

[꽃받침을 붙인 모습]

🌸 잎을 접어서 조립하기

작은 잎 4장, 중간 잎 4장, 큰 잎 2장으로 모두 10장을 접고, 5장을 1세트로, 모두 2세트의 잎을 만듭니다.

◆ 잎 접기

01 바깥쪽을 위로 하고 반으로 접습니다.

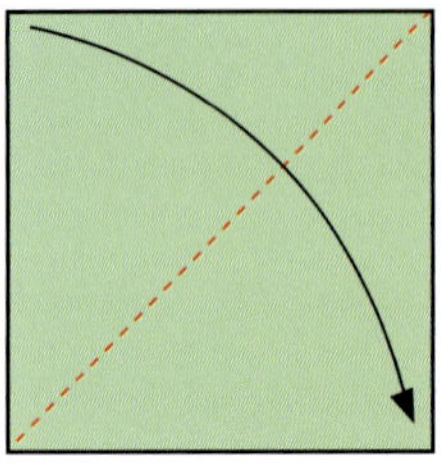

02 8등분해서 아래쪽에서 순서대로 계단접기를 합니다.

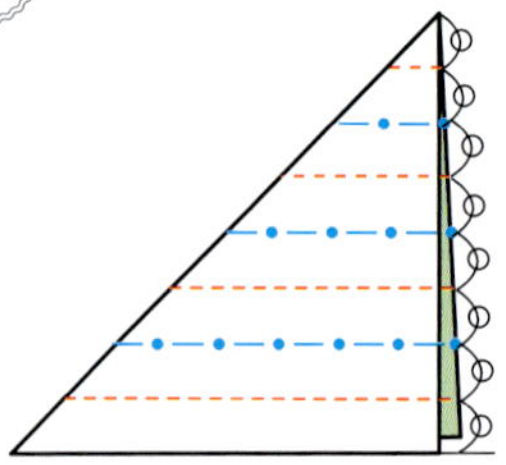

03 접은 모습입니다. 펼칩니다.

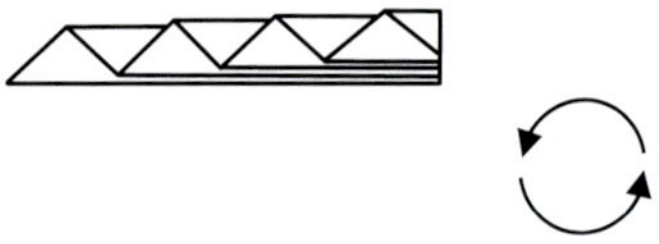

04 풀
27호 꽃철사(잎용)
꽃철사에 풀칠을 해서 가운데에 두고 삼각형으로 반으로 접습니다.

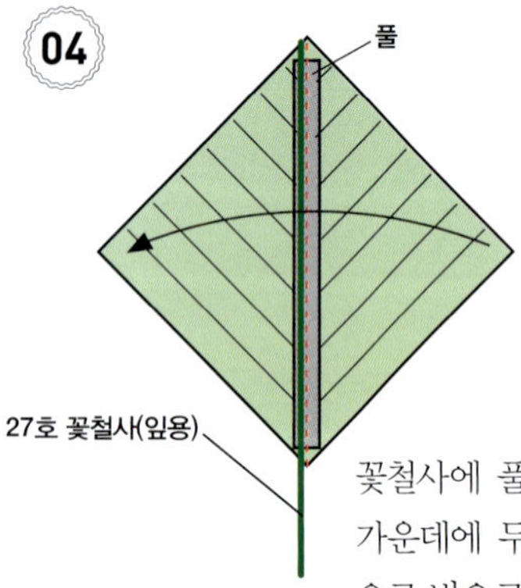

05 꽃철사 위를 손가락으로 단단히 누르고 사이를 폅니다.

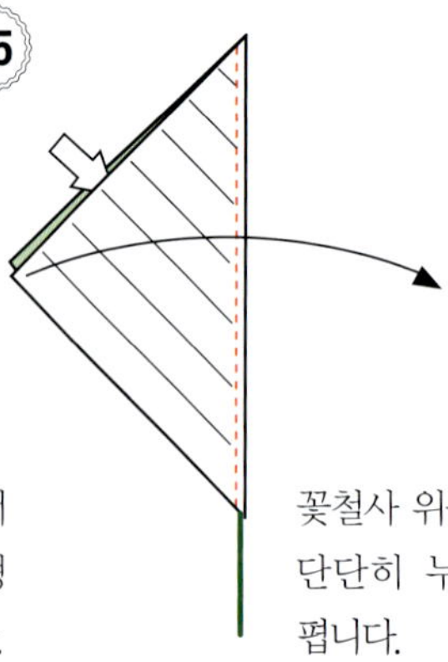

06 양쪽을 산접기하고 풀칠을 합니다.

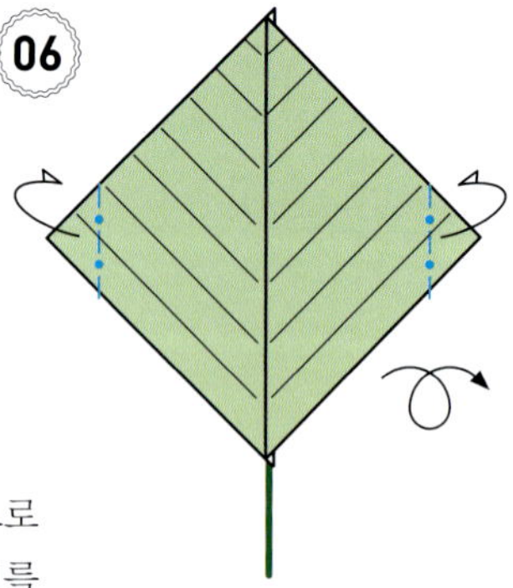

07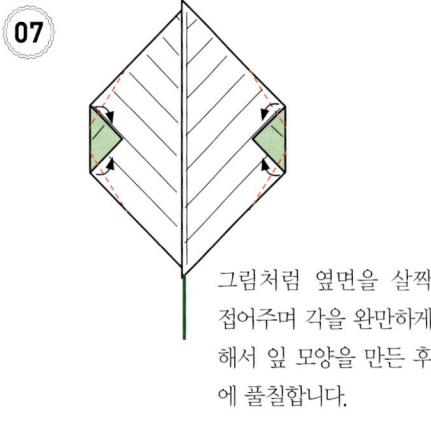
그림처럼 옆면을 살짝 접어주며 각을 완만하게 해서 잎 모양을 만든 후에 풀칠합니다.

08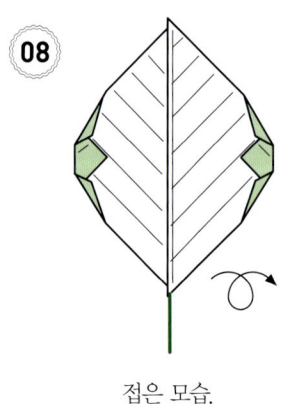
접은 모습.

◆ 잎 조립

01
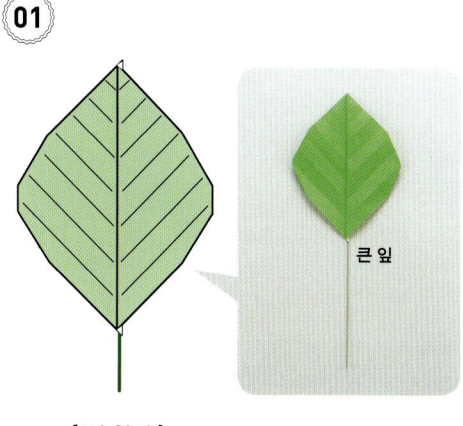
{ 잎 완성 }

02
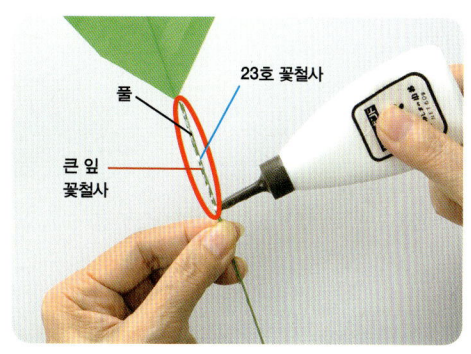
큰 잎 꽃철사에 23호 꽃철사(가지용)를 포개고 살짝 풀칠을 합니다.

03

꽃테이프로 2개의 꽃철사를 한꺼번에 감아 나갑니다.

04
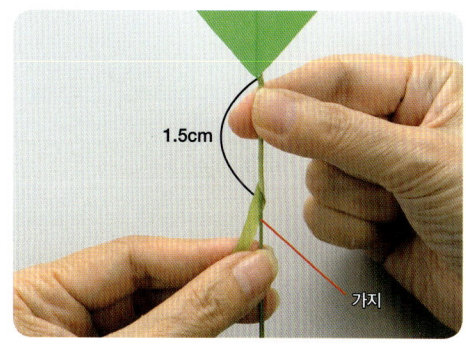
잎 아래 1.5cm 정도까지 감습니다.

05

가지 양쪽으로 중간 잎을 2장 붙여 풀칠하고 꽃테이프로 감아줍니다.

06

마찬가지로 작은 잎도 2장 감아줍니다. 이것을 모두 2세트 만듭니다.

🌸 마무리

꽃과 잎을 조립해서 마무리합니다.

01

잎의 가지 아래 부분을 꽃줄기에 갖다 대고 꽃테이프로 감아줍니다.

02

5cm 정도까지만 감아줍니다.

03

또 다른 1세트의 잎을 갖다 대고 ②와 마찬가지로 꽃테이프로 감아 나갑니다.

04
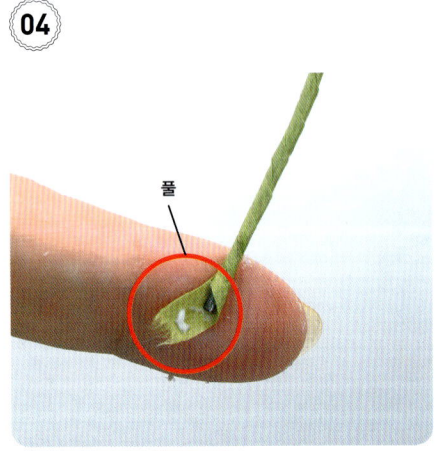
줄기 꽃철사의 맨 아래까지 감고, 마지막 감는 부분은 더욱 단단히 고정시키기 위해 살짝 풀칠합니다.

05

꽃철사의 밑동 부분이 보이지 않도록 감아서 마무리해주세요.

06

{ 꽃 완성 }
잎의 개수는 취향에 따라 가감해주세요.

Let's Make Flower 4

Spring 프리지어

• Information •

- 종이 사이즈(꽃 1세트 분)

  꽃잎 – 5cm×5cm 2매
  　　　6cm×6cm 2매
  　　　7cm×7cm 3매
  　　　8cm×8cm 3매

  꽃받침 – 소 1.5cm×1.5cm 4매
  　　　　대 2cm×2cm 6매

  잎 – 소 13cm×4cm 1매
  　　중 21cm×4cm 2매
  　　대 28cm×4cm 1매

- 기타 필요한 것

  27호 꽃철사 9cm 10개(꽃용)
  27호 꽃철사 19cm 1개(작은 잎용)
  27호 꽃철사 36cm 3개(중간 잎, 큰 잎용)
  18호 꽃철사 36cm 1개(줄기용)

✿ 꽃 접기

꽃종이는 육각형으로 잘라서 폅니다.(p.15) 꽃은 사이즈를 달리해서 모두 10개를 접습니다.

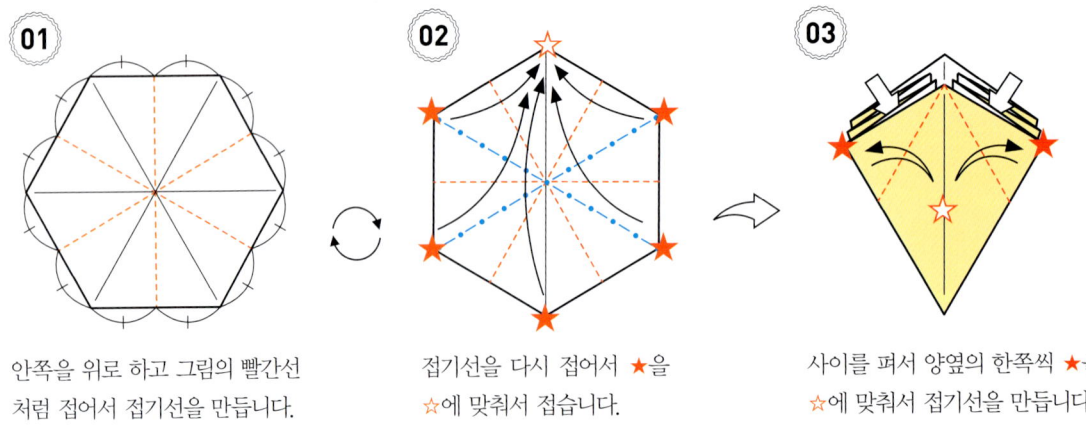

01 안쪽을 위로 하고 그림의 빨간선처럼 접어서 접기선을 만듭니다.

02 접기선을 다시 접어서 ★을 ☆에 맞춰서 접습니다.

03 사이를 펴서 양옆의 한쪽씩 ★을 ☆에 맞춰서 접기선을 만듭니다.

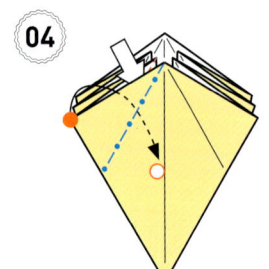

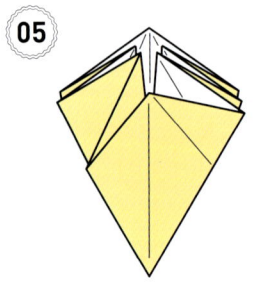

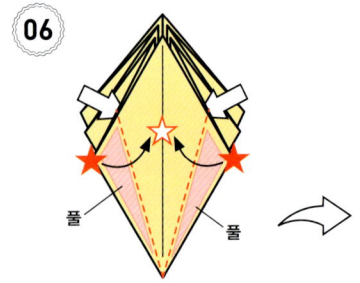

04 사이를 펴서 ●를 ○에 맞춰서 ③에서 만든 접기선을 산접기를 해서 안에 넣습니다.

05 접은 모습. 나머지 5군데도 3~4 와 똑같이 접습니다.

06 사이를 펴고 양옆의 한쪽씩 ★을 ☆에 맞춰서 안으로 접어서 풀칠합니다.

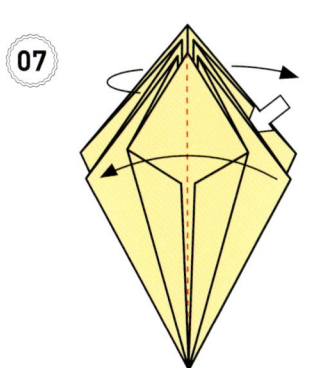

07

사이를 펴면서 반으로 접어줍니다.

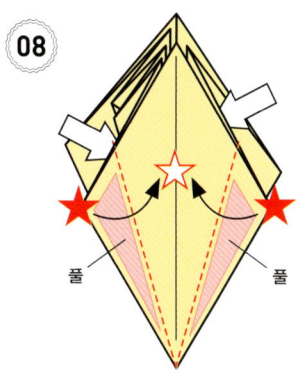

08

새롭게 펼친 면을 ⑥과 똑같이 접고 풀칠을 합니다. 남은 쪽들도 전부 해줍니다.

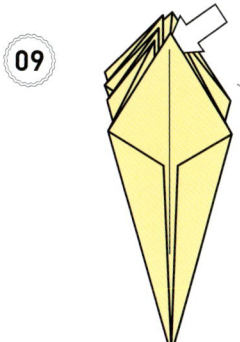

09

접은 모습.
위쪽을 조금 폅니다.

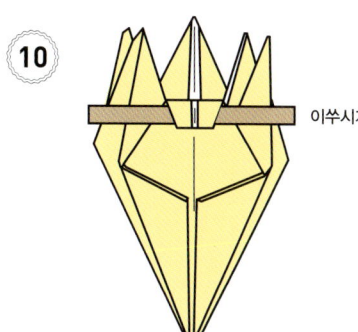

10

색연필이나 이쑤시개 등으로 꽃잎을 6장 모두 바깥쪽으로 맙니다.

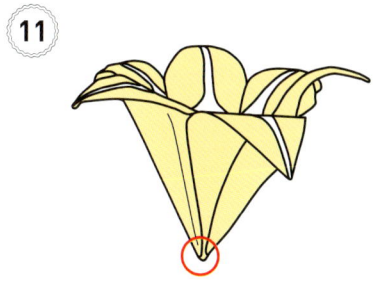

11

{ 꽃 완성 }
나중에 줄기를 끼우기 위해 ○ 부분에 송곳으로 구멍을 뚫습니다.

❀ 꽃받침 접기

꽃받침을 소 4장, 대 6장, 모두 10장을 접습니다.

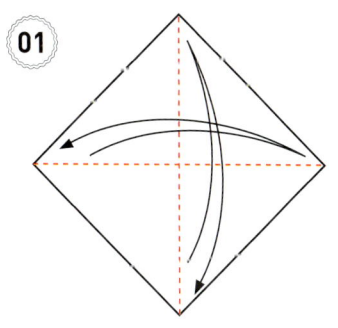

01

그림과 같이 우선 접기선을 만듭니다.

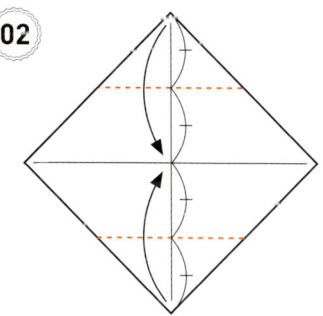

02

상하 모두 중앙선에 맞춰서 골짜기접기를 합니다.

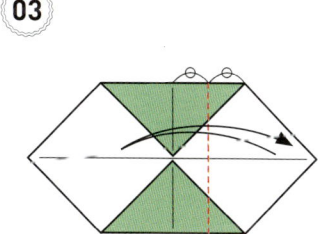

03

그림처럼 등분을 나누어 접기선을 만듭니다.

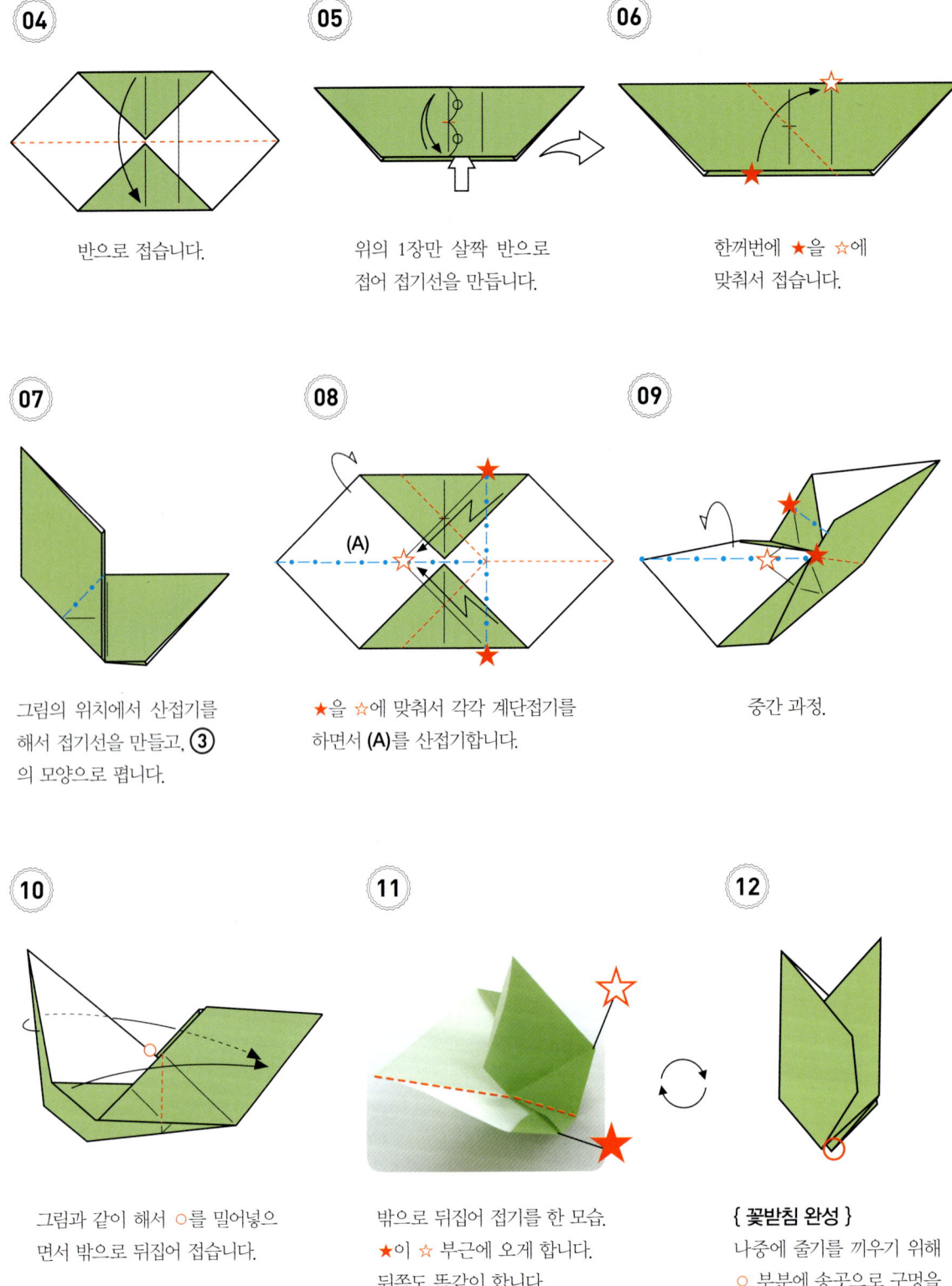

잎 접기

잎을 소 1장, 중 2장, 대 1장 모두 4장을 접습니다.

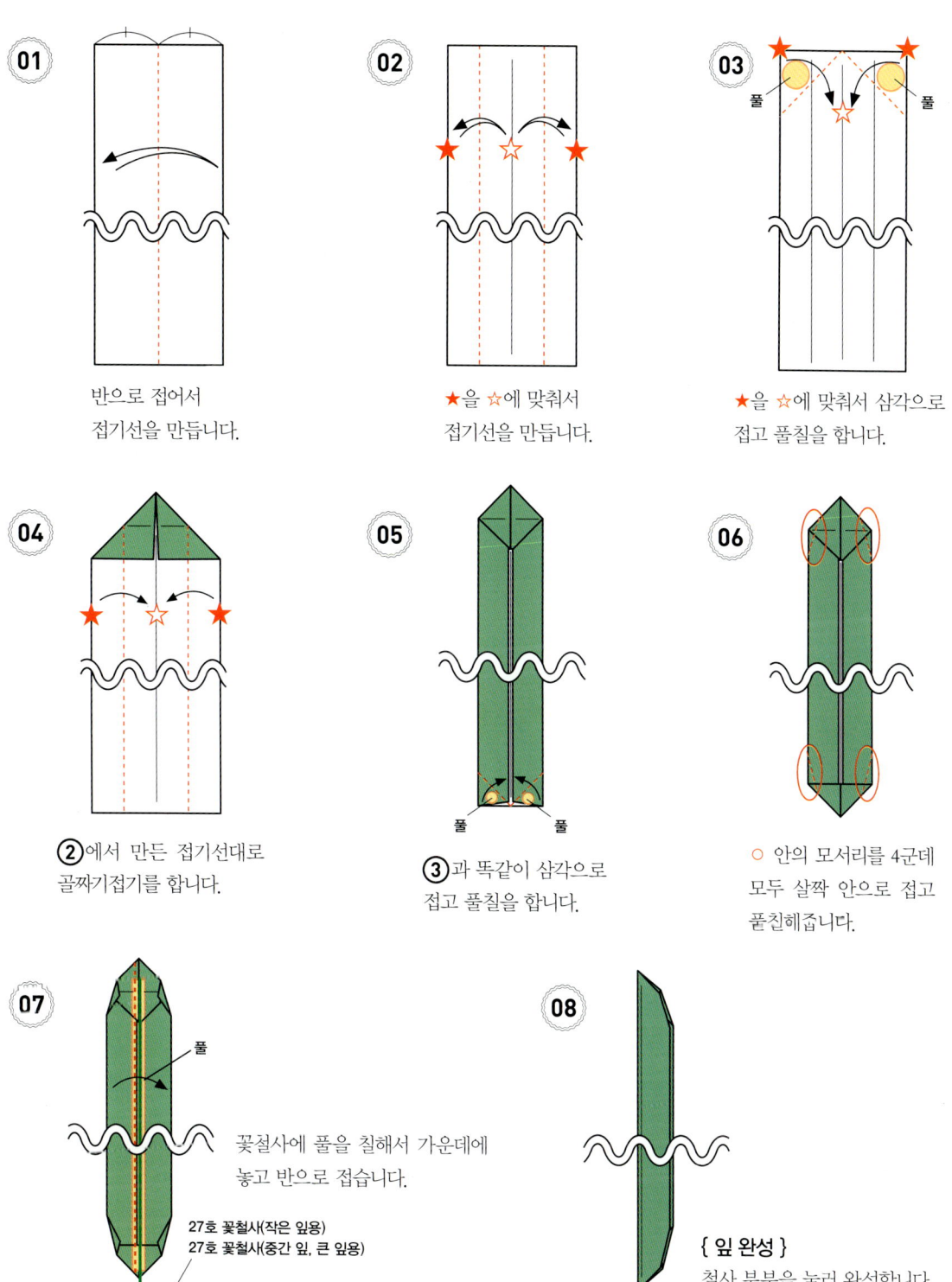

🌸 꽃받침을 꽃에 붙이기

꽃과 꽃받침을 꽃철사로 연결합니다. 이것을 10세트 만듭니다.

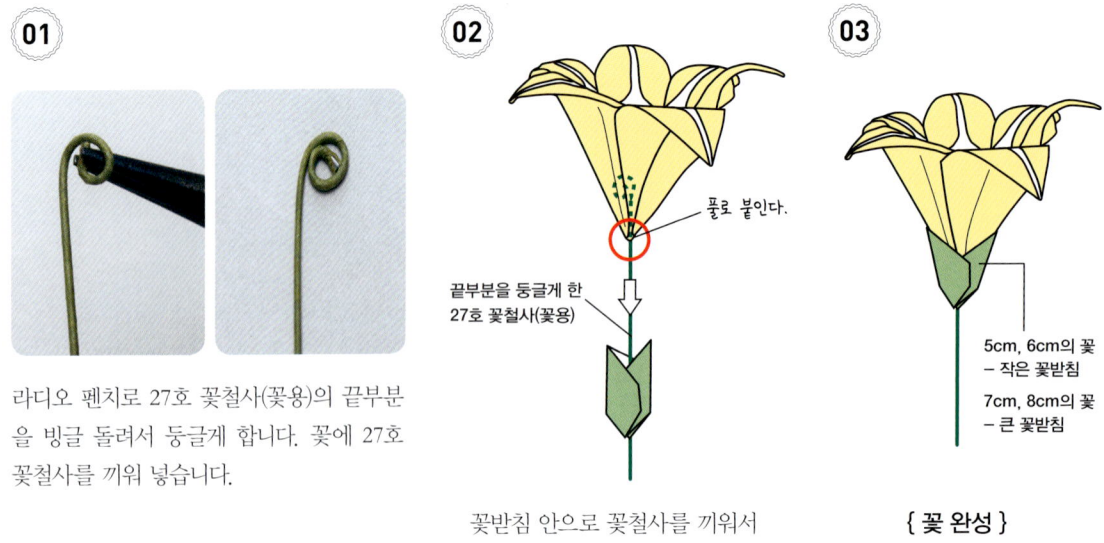

🌸 마무리

10개의 꽃을 작은 꽃부터 순서대로 줄기의 꽃철사에 대고 잎을 붙여서 마무리합니다.

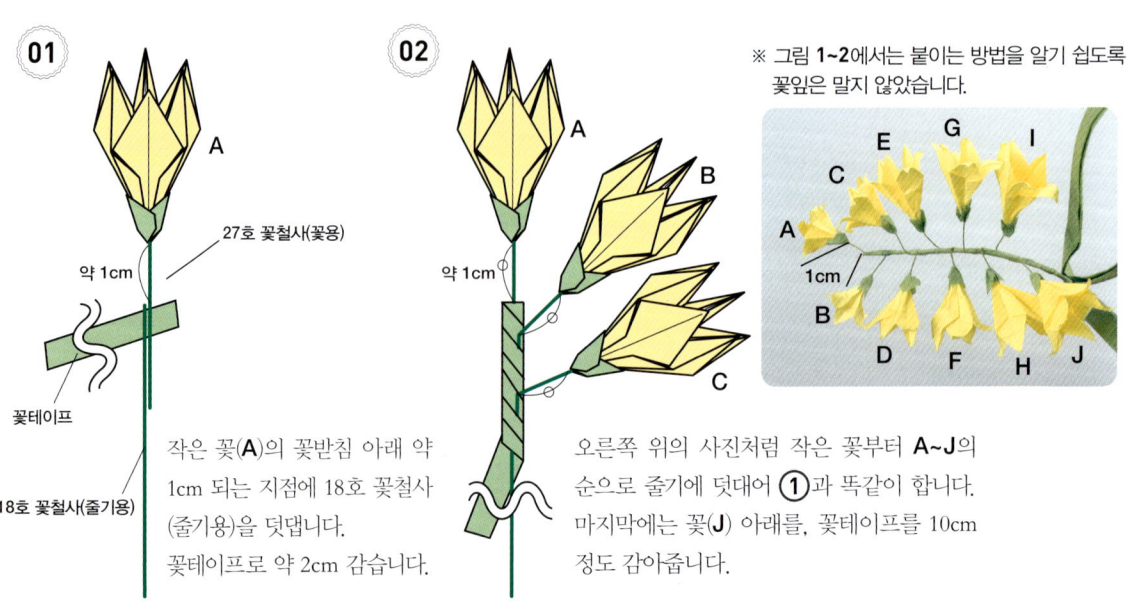

03

줄기에 붙인 꽃은 사진처럼 서로 번갈아 배열하며 모양을 조절합니다.

04

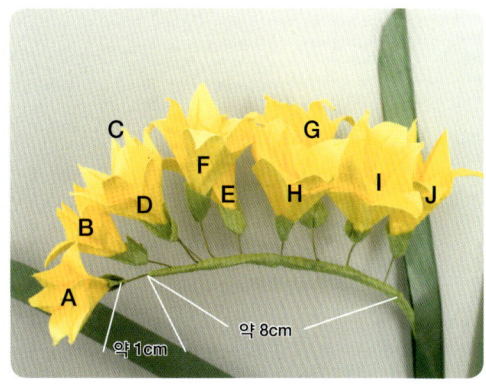

[다른 각도에서 본 모습]

05

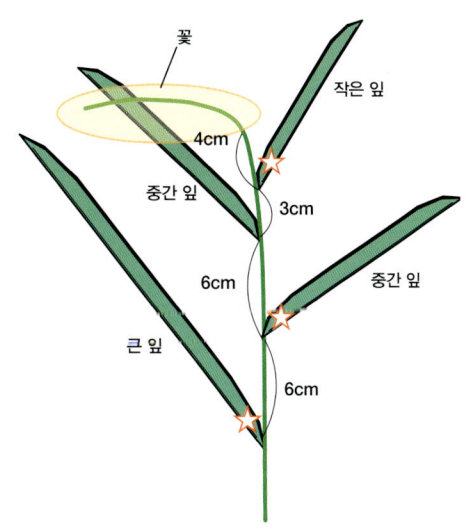

꽃이 붙은 줄기를 왼쪽 사진처럼 조금 구부립니다.
작은 잎부터 순서대로 오른쪽 그림의 위치에서 줄기에 붙이고, 그대로 꽃테이프로 감아 마무리해줍니다.
☆ 부분(잎의 아래 부분)은 잎 사이를 조금 펴서 줄기를 끼워 넣어 마무리합니다. 완성.

Spring 초롱꽃

Let's Make Flower 5

• Information •

· 종이 사이즈(꽃 1세트 분)

꽃 – 대 15cm×15cm 2매
　　　소 13cm×13cm 4매
꽃봉오리 – 4.5cm×4.5cm 7매
꽃술(꽃과 꽃봉오리 공용) – 1cm×5cm 13매
꽃받침(꽃과 꽃봉오리 공용) – 4.5cm×4.5cm 13매
잎 – 소 2.5cm×5cm 6매
　　　대 2.5cm×5.5cm 2매

· 기타 필요한 것

27호 꽃철사 12cm 13개(꽃술용)
(꽃과 꽃봉오리 공용)
27호 꽃철사 9cm 8개(잎용)
18호 꽃철사 36cm 1개(줄기용)

🌸 꽃 접기

꽃종이는 오각형으로 자르고 폅니다.(p.14) 꽃은 소 4개, 대 2개 모두 6개 접습니다.

01 ★을 ☆에 맞춰서 접기선을 다시 만들고 접습니다.

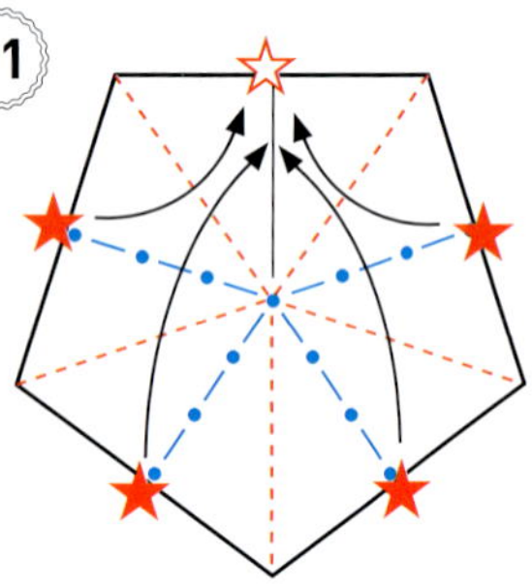

02 사이를 펴고 양옆의 한쪽씩 ★을 ☆에 맞춰서 접습니다.

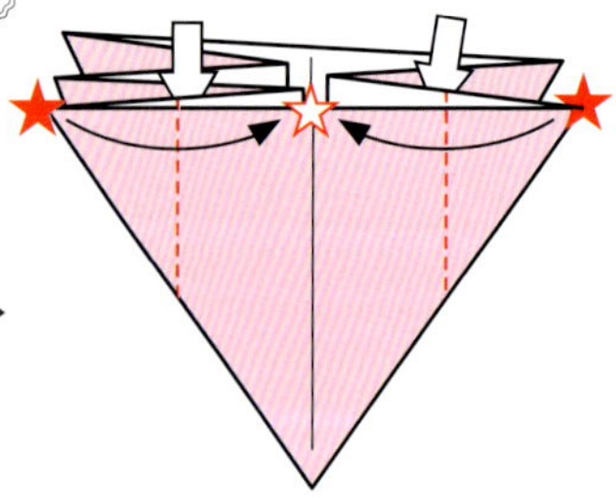

03 그림과 같이 오른쪽으로 젖힙니다.

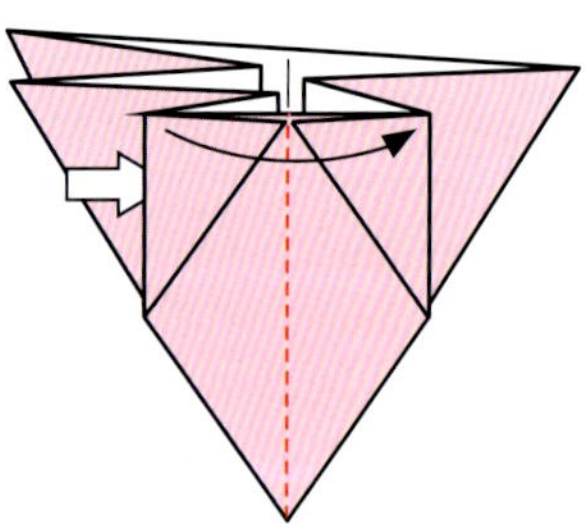

04 젖힌 부분의 한쪽만 반으로 접습니다.

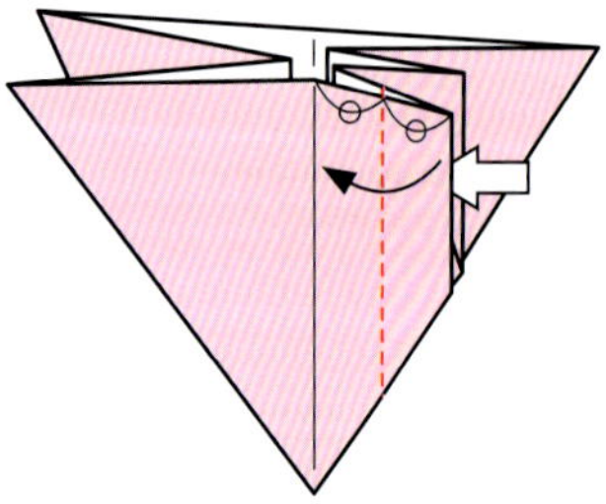

05 그대로 왼쪽으로 젖힙니다.

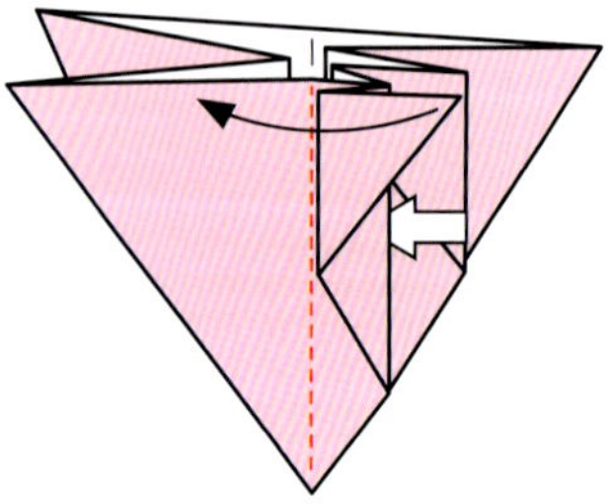

06 ☆ 부분도 3~5 까지 똑같이 합니다.

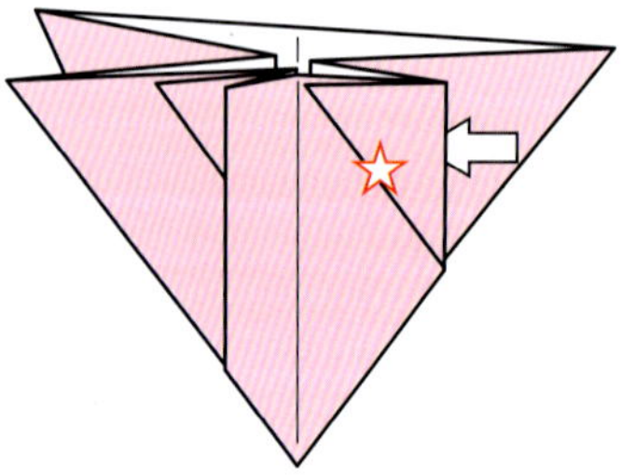

07

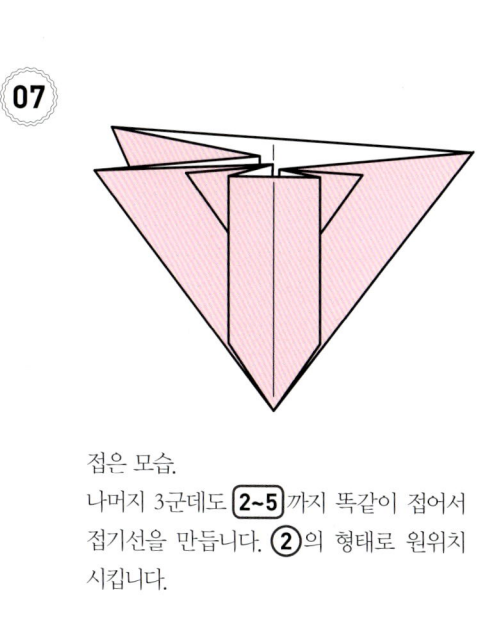

접은 모습.
나머지 3군데도 2~5 까지 똑같이 접어서 접기선을 만듭니다. ②의 형태로 원위치 시킵니다.

08

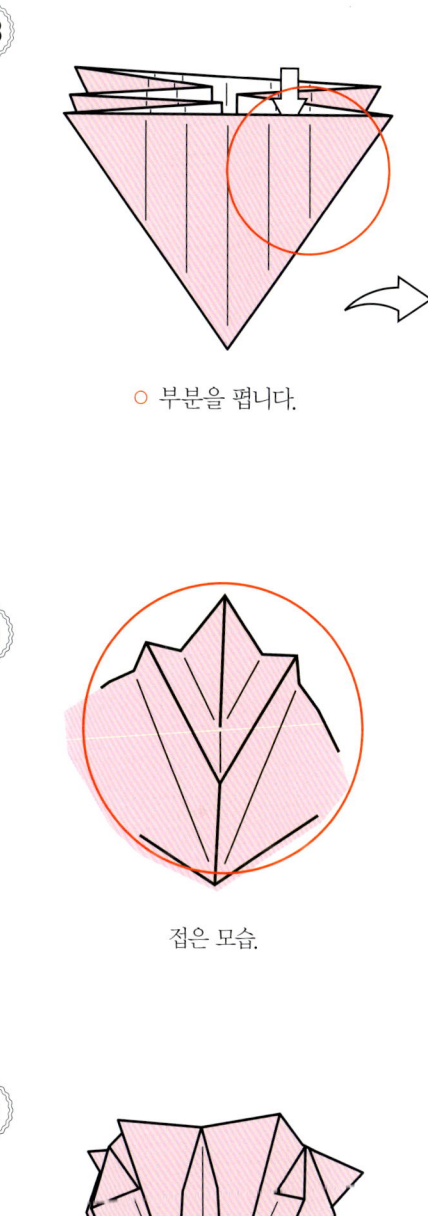

○ 부분을 폅니다.

09

그림과 같이 접기선을 다시 만들고 접습니다.

10

접은 모습.

11

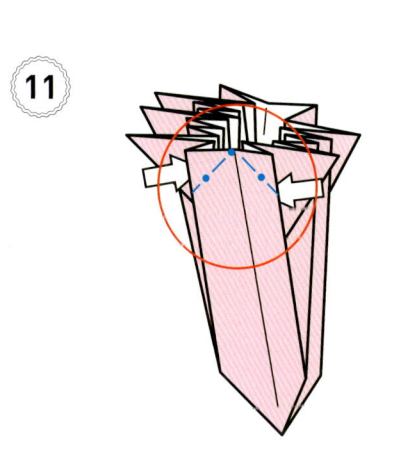

접은 모습.
○ 안의 모서리를 각각 삼각으로 산접기를 합니다.(다른 부분도 똑같이)

12

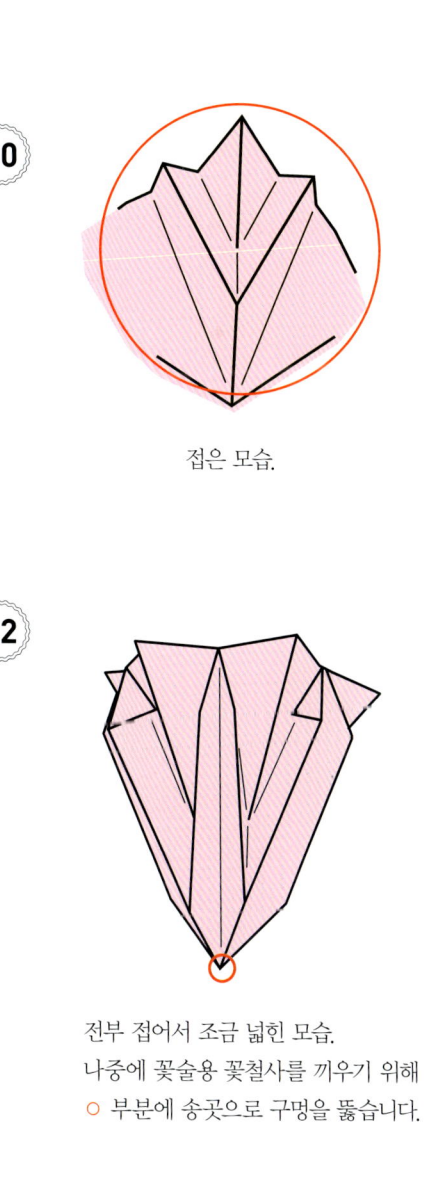

전부 접어서 조금 넓힌 모습.
나중에 꽃술용 꽃철사를 끼우기 위해
○ 부분에 송곳으로 구멍을 뚫습니다.

❀ 꽃에 꽃술 붙이기

꽃술을 만들어서 꽃에 끼워 넣습니다. 꽃술은 13개 만듭니다.(꽃과 꽃봉오리 공용)

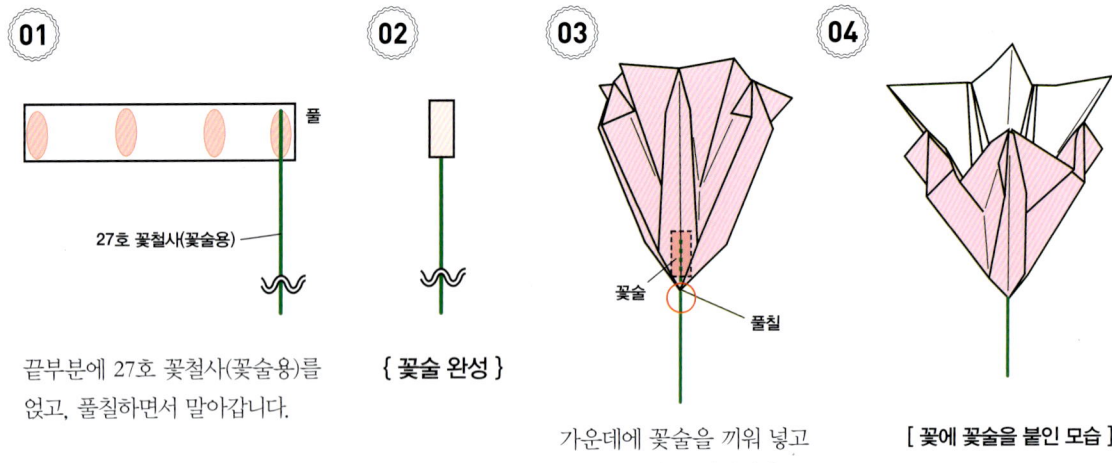

01 끝부분에 27호 꽃철사(꽃술용)를 얹고, 풀칠하면서 말아갑니다.

02 { 꽃술 완성 }

03 가운데에 꽃술을 끼워 넣고 밑동 부분을 풀칠합니다.

04 [꽃에 꽃술을 붙인 모습]

❀ 꽃에 꽃받침 붙이기

카네이션의 꽃받침(p.19)과 똑같이 접습니다. 꽃용이나 꽃봉오리용이나 접는 방법은 똑같습니다. 전부 합해서 13개 만듭니다.(꽃과 꽃봉오리 공용)

01 위쪽을 조금 펴고 ○ 부분에 송곳으로 구멍을 뚫습니다.

02 [꽃받침을 위에서 본 모습]
○ 속에 꽃술용 꽃철사를 끼우고 네모 부분에 풀을 칠합니다.

03 꽃과 꽃받침을 풀칠해서 붙입니다.

❋ 꽃봉오리를 접고, 꽃술과 꽃받침 붙이기

꽃봉오리를 7개 만들고 각각 꽃받침에 끼웁니다.

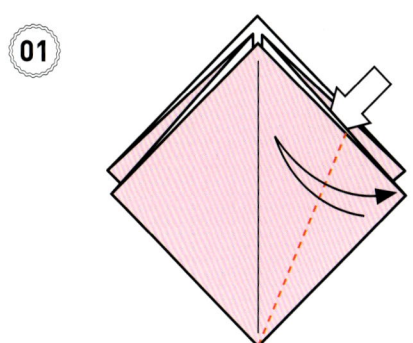

사각접기(p.12)에서 접기선을 만듭니다.

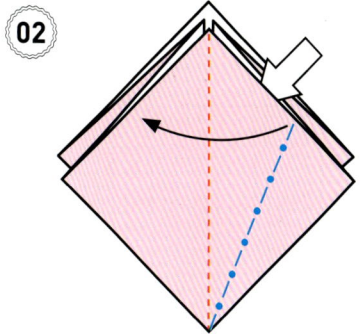

사이를 펴고 접기선대로 접습니다.

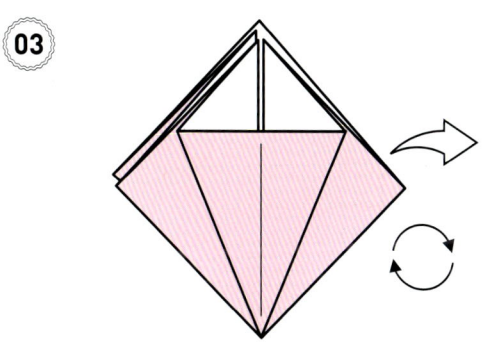

나머지 3군데도 1~2 와 똑같이 합니다.

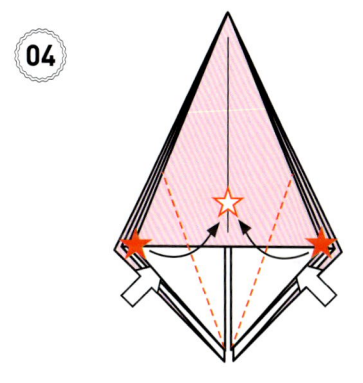

양쪽 모두 사이를 펴고 ★을 ☆에 맞춰서 안으로 접습니다.

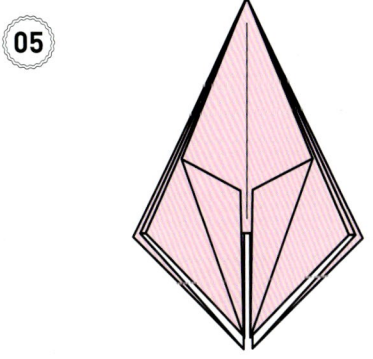

접은 모습.
나머지 3군데도 ④와 마찬가지로 양쪽을 접습니다.

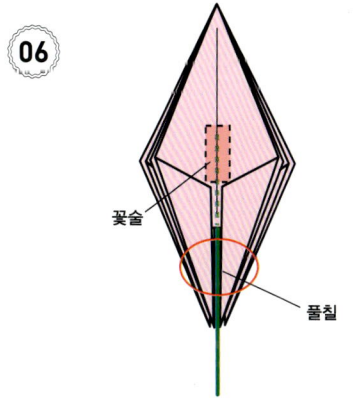

꽃술(p.52)을 아래쪽에서 끼워서 꽃철사에 풀칠을 하고 ○ 부분을 붙입니다.

{ 꽃봉오리 완성 }

⑥의 꽃철사를 꽃받침(p.52)에 끼웁니다.
○ 부분에 풀칠해서 붙입니다.

❀ 잎 접기

잎은 소 6장, 대 2장, 모두 8장 접습니다.

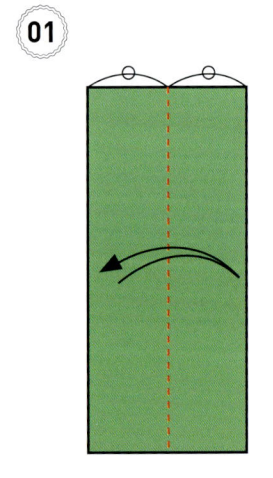

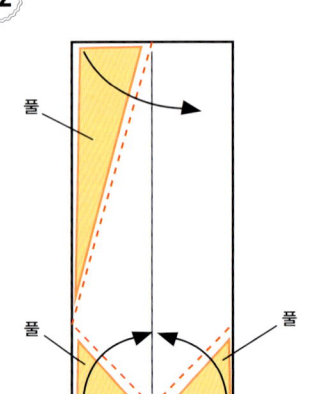

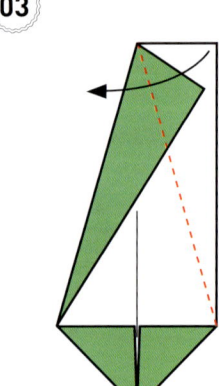

바깥쪽을 위로 하고 접기선을 만듭니다.

그림과 같이 골짜기접기를 하고 풀칠을 합니다.

그림과 같이 골짜기접기를 합니다.

 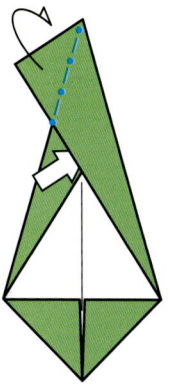 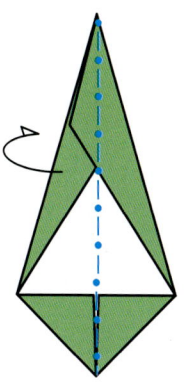

사이를 펴고 ②에서 접은 모습에서 튀어나온 부분을 안으로 접어 넣어 ②와 똑같이 풀칠합니다.

화살표대로 반으로 접습니다.

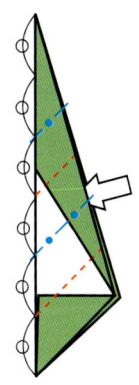  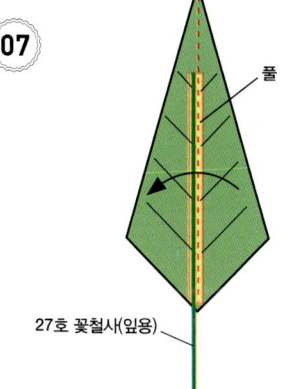

6등분해서 그림처럼 접기선을 만들고 펴줍니다.

꽃철사에 풀을 붙이고 골짜기접기선(정중앙) 위에 놓고 화살표대로 반으로 접습니다.

풀

27호 꽃철사(잎용)

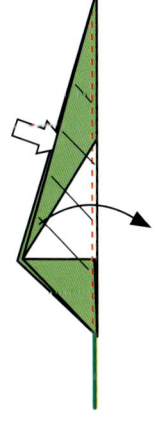 

꽃철사 위쪽을 손가락으로 단단히 누른 후에 사이를 폅니다.

{ 잎 완성 }

🌸 마무리

완성 견본 사진을 참고로 해서 꽃을 마무리합니다.

01

A 모양은 작은 꽃과 작은 잎 1개를 그림처럼 해서, 18호 꽃철사(줄기용)에 붙입니다. 꽃테이프로 약 1.5cm 감아줍니다.

02

그 밑에 B 모양을 총 5세트 붙입니다. B는 꽃, 꽃봉오리, 작은 잎 각 1개를 세트로 해서, A 모양과 똑같이 줄기에 붙입니다.

03

그리고 C 모양을 2세트 붙입니다. C는 꽃봉오리, 큰 잎 각 1개를 세트로 해서, A와 똑같이 줄기에 붙입니다.

04

꽃이나 꽃봉오리, 잎의 개수 등은 취향에 따라 가감해주세요.

Let's Make Flower 6

Summer 클레마티스

• Information •

- 종이 사이즈(꽃 1세트 분)
  꽃(꽃받침 조각) – 15cm×15cm 1매
  꽃술 – 6cm×20cm 1매
  잎 – 3.5cm×3.5cm 3매
  　　4cm×4cm 3매
  　　4.5cm×4.5cm 3매
  　　5cm×5cm 12매

- 기타 필요한 것
  18호 꽃철사 36cm 1개(줄기용)
  27호 꽃철사 12cm 21개(잎용)
  27호 꽃철사 18cm 7개(가지용)

❁ 꽃(꽃받침 조각) 접기

클레마티스 꽃으로 보이는 흰 부분은 '꽃받침 조각'입니다. 꽃(꽃받침 조각) 종이는 육각형으로 잘라내고 폅니다.(p.15)

①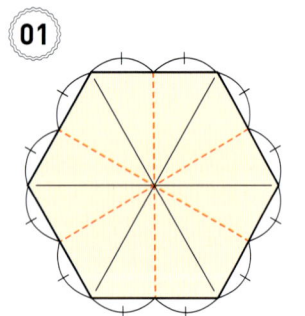

바깥쪽을 위로 하고 빨간선처럼 접어서 접기선을 만듭니다.

②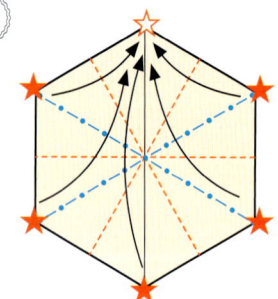

접기선을 다시 접어서 ★을 ☆에 맞춰서 접습니다.

③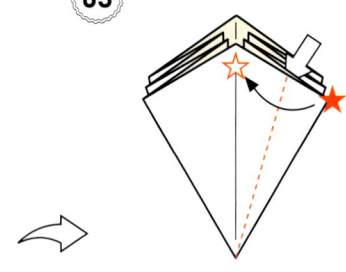

사이를 펴고 맨 앞의 오른쪽을 ★을 ☆에 맞춰서 골짜기접기를 합니다.

④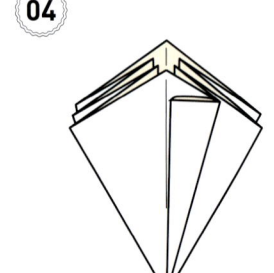

접은 모습. 나머지 5군데도 오른쪽을 ❸과 똑같이 합니다.

⑤

접은 모습.
위쪽을 조금 넓힙니다.

⑥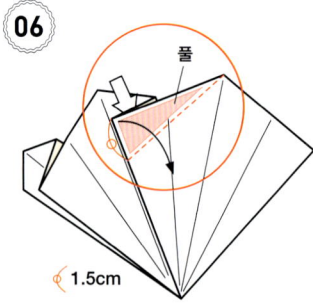

사이를 벌리고 앞쪽으로 골짜기 접기를 하고 풀칠을 합니다.

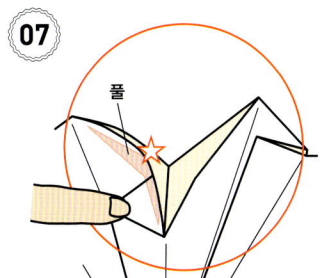

☆을 앞쪽으로 젖힙니다.

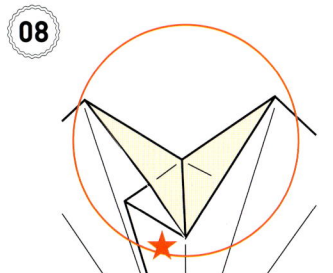

접은 모습. 나머지 5군데도 똑같이 해서 ★ 부분을 풀칠합니다.

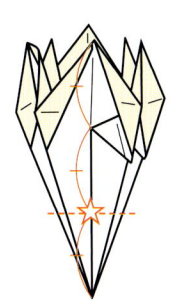

☆ 부근을 접어서 비틀어 가며 꽃을 폅니다.

펼친 모습.

[위에서 본 모습]
나중에 줄기를 끼우기 위해 ○ 부분에 송곳으로 구멍을 뚫습니다.

꽃술 만들기

꽃술을 만들어서 꽃에 끼워 넣습니다.

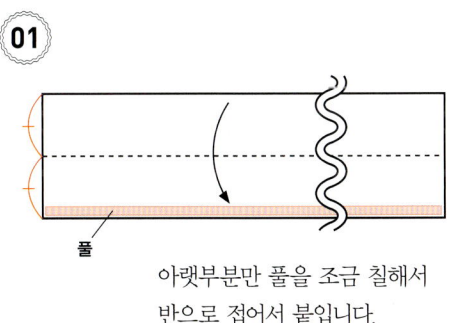

아랫부분만 풀을 조금 칠해서 반으로 접어서 붙입니다.

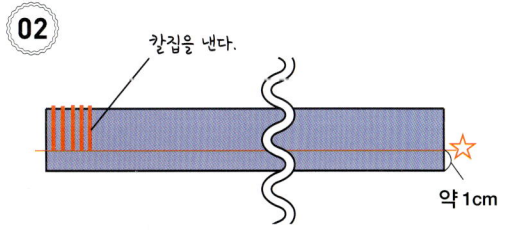

☆선(아래에서 1cm 정도)까지 가능한 한 잘게 칼집을 넣습니다.

클레마티스 61

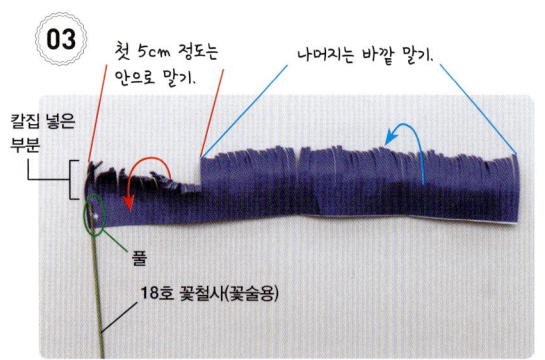
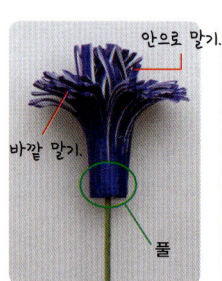

처음 5cm까지는 안으로 말고, 나머지는 밖으로 맙니다.
18호 꽃철사(줄기용)를 얹고 풀을 칠하면서 말아갑니다.

완성된 모습.
꽃술의 밑동에
풀칠합니다.

꽃 가운데에 ④를 끼워 넣고,
꽃테이프로 꽃의 밑동을 감습니다.

❀ 잎을 접어서 조립

잎을 사이즈를 달리해서 모두 21장을 접어, 3장을 1세트로 조립합니다.

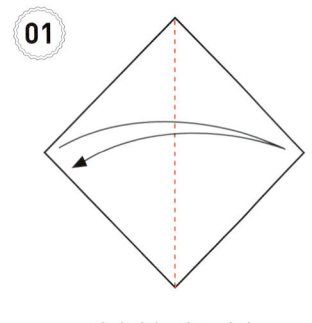
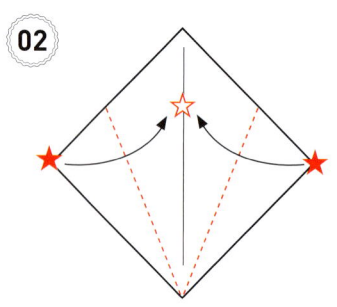
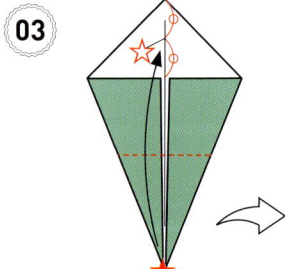

접기선을 만듭니다.

★을 ☆에 맞춰서
양쪽 모두 접습니다.

★을 ☆에 맞춰서 골짜기
접기를 합니다.

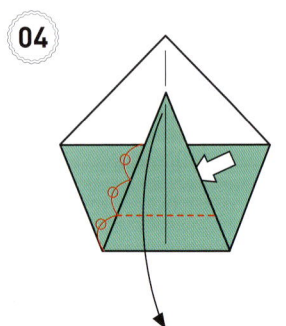
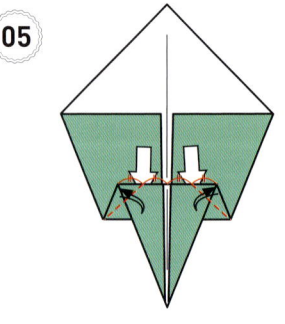
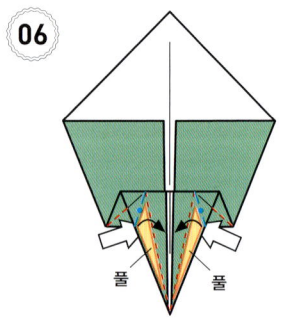

사이를 펴고 삼등분해서
그림의 위치에서 접어 내립니다.

사이를 펴서 그림의 위치처럼
접기선을 만듭니다.

⑤에서 표시한 접기선을 사용
하여 사이를 폈다가 다시 접어
서 풀칠합니다.

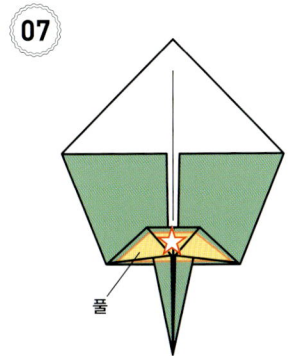

접은 모습.
☆ 부분의 안쪽을 풀칠합니다.

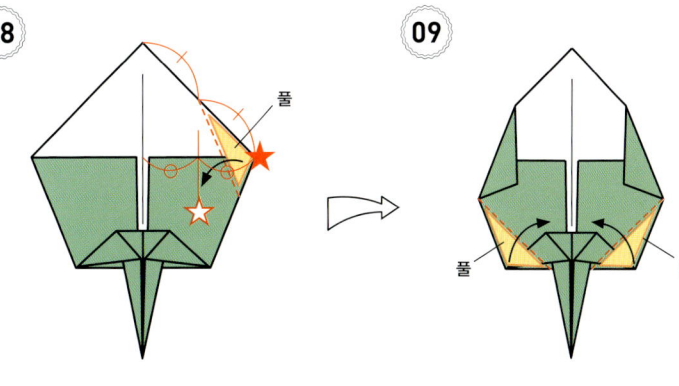

그림처럼 이등분해서 ★을
☆선에 맞춰서 골짜기접기를
하고 풀칠합니다.(양쪽 모두)

그림처럼 아랫부분을 삼각
으로 접어서 풀칠합니다.

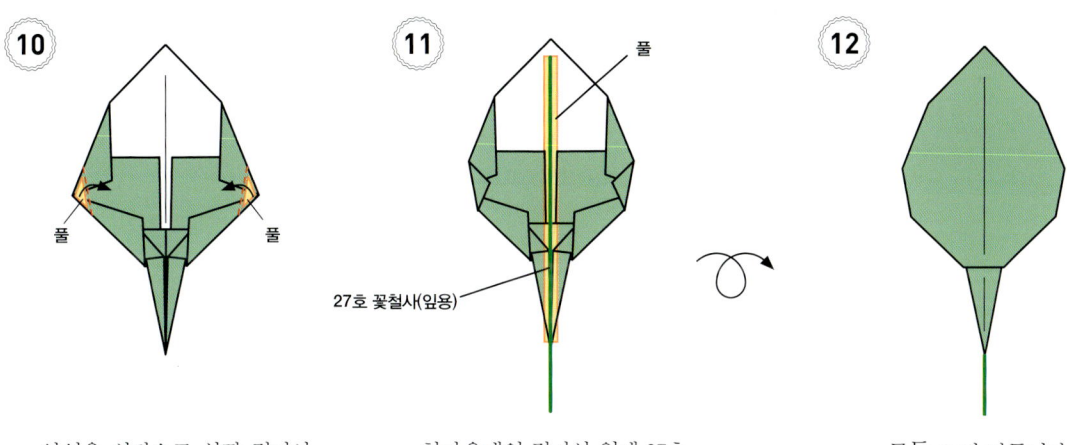

양옆을 삼각으로 살짝 접어서
풀칠합니다.

한가운데의 접기선 위에 27호
꽃철사(잎용)를 얹고 풀칠합니다.

모두 21장 만듭니다.

같은 크기의 잎 3장을 1세트로 합니다.
27호 꽃철사(가지용)를 덧대고, 꽃테이프로 감습니다.

🌸 마무리

줄기에 잎을 붙이고 마무리합니다.

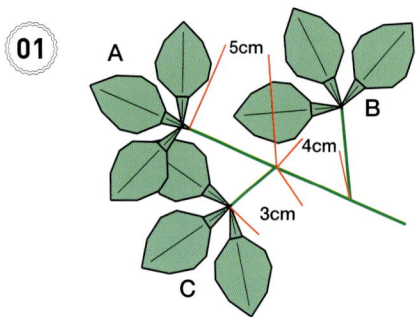

01

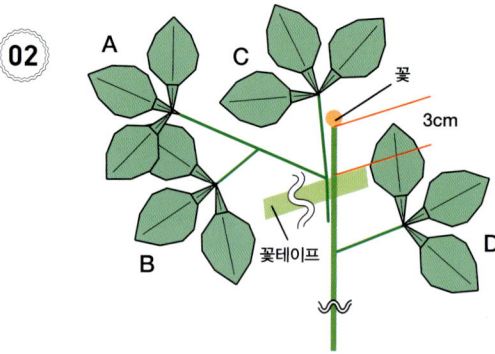

02

잎을 그림과 같이 꽃테이프로 감으면서 마무리합니다.
A는 3.5cm의 잎 3장 1세트,
B는 4cm의 잎 3장 1세트,
C는 4.5cm의 잎 3장 1세트.

①에서 세트로 만든 꽃을 꽃 아래 3cm 되는 곳에 붙입니다.

03

나머지 잎 **D**도 마찬가지로 줄기에 붙여 나갑니다.
D는 5cm의 잎 3장이 1세트입니다.
꽃이나 잎의 개수 등은 취향에 따라 가감해주세요.

Let's Make Flower 7

Summer 수국

• Information •

• 종이 사이즈(꽃 1세트 분)

꽃(꽃받침 조각) – 3.75cm×3.75cm 100매

꽃 마무리용 – 1cm×8cm 10매

잎 – 소 5.5cm×5.5cm 4매
　　중 6cm×6cm 4매
　　대 6.5cm×6.5cm 4매

• 기타 필요한 것

27호 흰 꽃철사 5cm 100개(꽃용)

27호 꽃철사 9cm 10개(꽃 마무리용)

27호 꽃철사 12cm 12개(잎용)

18호 꽃철사 36cm 1개(줄기용 1)

18호 꽃철사 16cm 1개(줄기용 2)

❀ 꽃(꽃받침 조각)과 잎 접기

수국에 보이는 핑크와 남색 부분은 꽃받침 조각입니다. 꽃(꽃받침 조각)을 100개 접습니다.
잎은 소, 중, 대 각 4장 씩 모두 12장 접습니다.

◆ 꽃 접기

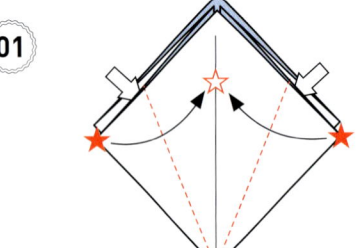

01 사각접기(p.12)에서 사이를 펴고 맨 앞의 양쪽 끝 ★을 ☆에 맞춰서 접습니다. 뒤쪽도 똑같이 합니다.

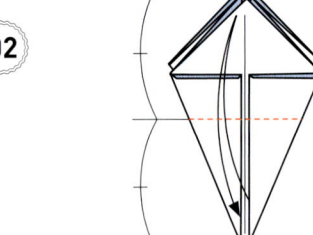

02 한꺼번에 반으로 접어서 접기선을 만듭니다.

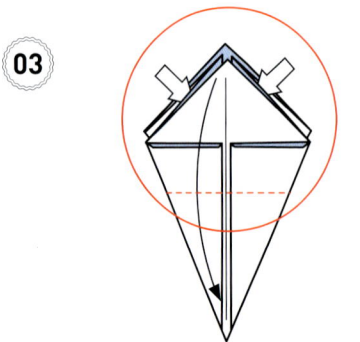

03 사이를 펴면서 위의 1장을 앞쪽으로 반으로 접습니다.

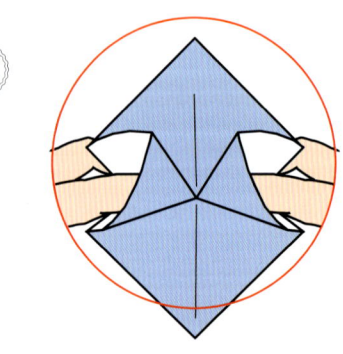

04 중간 과정.

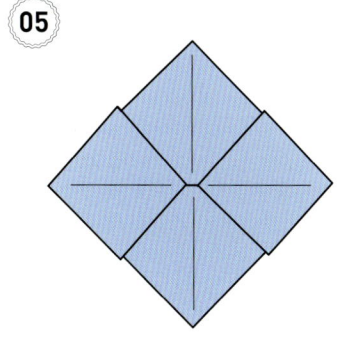

펼친 모습.

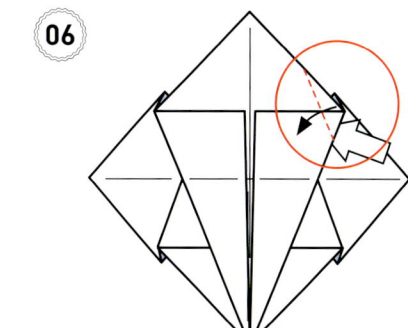

○ 안의 사이를 펴서 삼각으로 접습니다.

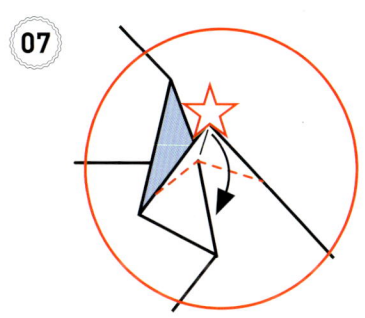

☆을 접선을 따라 접어 내립니다.

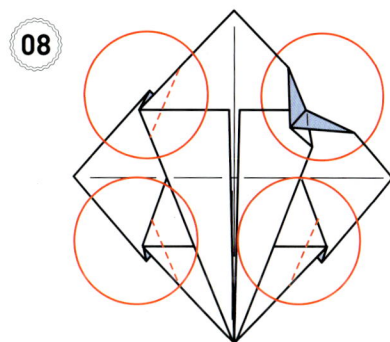

접은 모습.
나머지 3군데도 똑같이 접습니다.

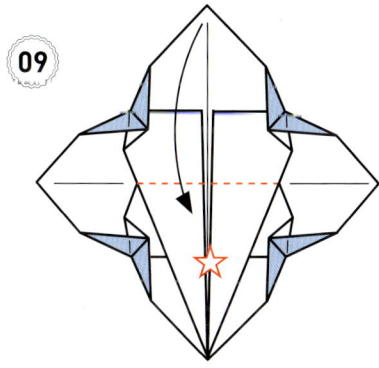

☆ 부분을 잡고 앞쪽으로 반으로 접습니다.

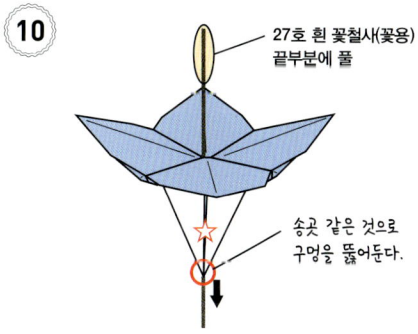

27호 흰 꽃철사(꽃용) 끝부분에 풀을 칠해서 꽃 가운데에 끼웁니다. ☆ 부근에서 눌러서 붙입니다.

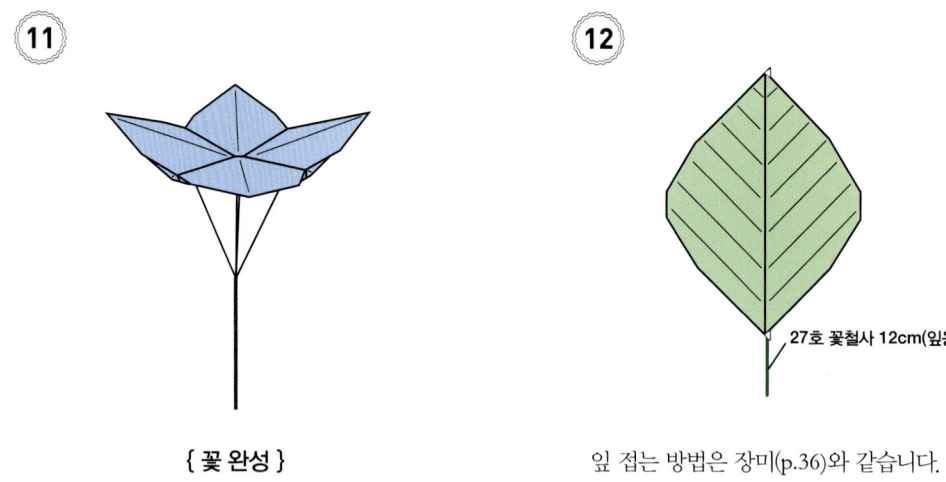

{ 꽃 완성 }

잎 접는 방법은 장미(p.36)와 같습니다.

🌸 마무리

꽃을 묶고 잎을 줄기에 붙여 마무리합니다.

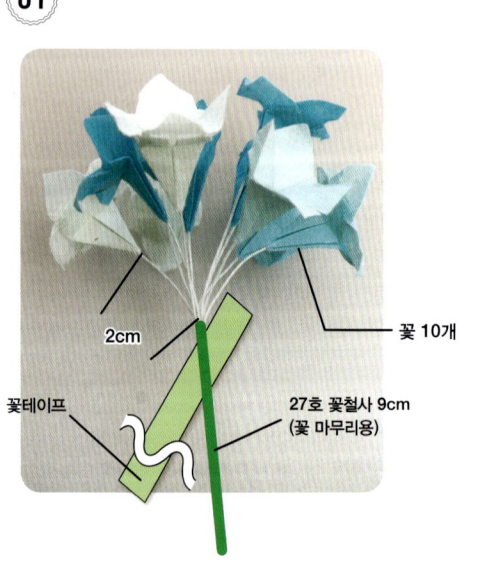

꽃 10개를 사진처럼 한꺼번에 묶습니다. 27호 꽃철사(꽃 마무리용)를 1개 덧대고, 꽃테이프로 잘 감아줍니다. 이를 10다발 만듭니다.

10다발의 꽃을 사진처럼 한꺼번에 묶습니다. 18호 꽃철사 36cm(줄기용 1)를 1개 덧대고, 작은 잎을 2장 덧대어서 꽃테이프로 감아줍니다.

03

작은 잎
중간 잎
중간 잎
큰 잎
큰 잎

작은 잎
중간 잎
중간 잎
큰 잎
큰 잎

18호 꽃철사(줄기용 2)

❷와 마찬가지로 2~3cm 간격으로 사진처럼 작은 잎 2장, 중간 잎 4장, 큰 잎 4장을 꽃테이프로 감습니다. 줄기의 징중잉 부근에서 18호 꽃철사 16cm(줄기용 2)를 덧대어서 함께 감아줍니다.

Let's Make Flower 8

Summer 치자꽃

• Information •

- 종이 사이즈(꽃 1세트 분)

  꽃 – 소 16cm×16cm 1매
  　　　중 18cm×18cm 1매
  　　　대 20cm×20cm 1매
  꽃술 – 2cm×5cm 1매
  암술 – 2.5cm×2.5cm 1매
  수술 – 3cm×6cm 1매
  꽃받침 – 4.5cm×4.5cm 1매
  잎 – 소 3cm×3cm 8매
  　　 중 3.5cm×3.5cm 16매
  　　 대 4cm×4cm 8매

- 기타 필요한 것

  18호 꽃철사 36cm 1개(가지용)
  27호 꽃철사 9cm 32개(잎용)
  27호 꽃철사 18cm 4개(작은 가지용)

❋ 꽃 접기(겹꽃)

꽃종이는 육각형으로 잘라내고 폅니다.(p.15) 꽃을 소, 중, 대 각 1개씩 모두 3개 접습니다.

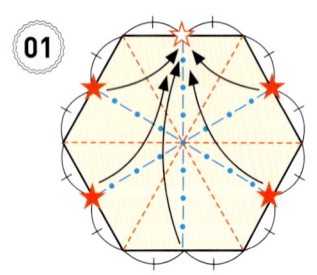

01 바깥쪽을 위로 하고 ★을 ☆에 맞춰서 접기선을 다시 만들어 접습니다.

02 한꺼번에 3등분해서 계단접기를 합니다.

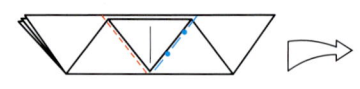

03 왼쪽은 골짜기접기, 오른쪽은 산접기로 접어 접기선을 만듭니다.

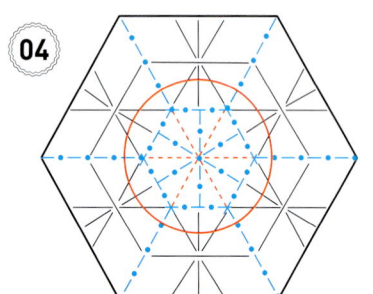

04 접기선을 다시 만들고
○ 안을 움푹 패도록 접습니다.

05 중간 과정.

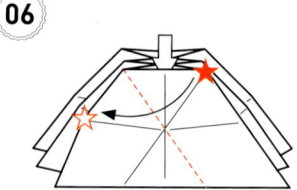

06 접은 모습.
위쪽의 사이를 펴고 ★을 ☆에 맞춰서 내리면서 아랫부분을 펼쳐 모양을 만듭니다.

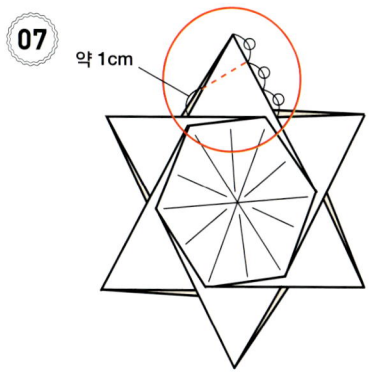

벌어진 부분을 왼쪽에 두고 약 1cm 정도를 남기면서 그림의 위치에서 접기선을 만듭니다.

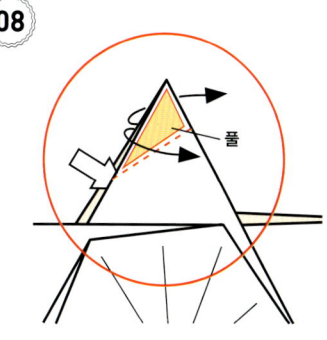

밖으로 뒤집어 접습니다.
뒤집어 접은 곳을 풀칠합니다.

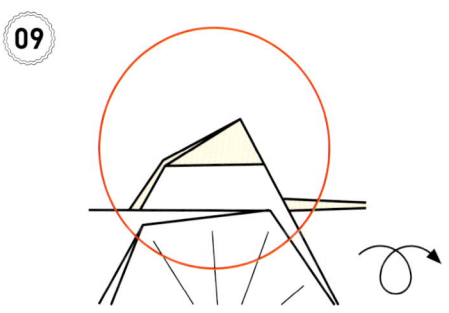

뒤집어 접기를 풀칠한 모습.
나머지 5군데도 7~8 과 똑같이 합니다.

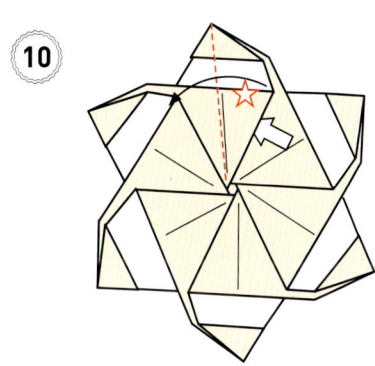

⑨에서 뒤집어 꽃잎 부분의 사이를 펴고 ☆ 부분을 접습니다.

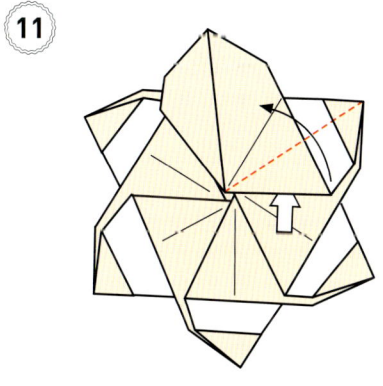

마찬가지로 나머지 5군데도
차례로 폅니다.

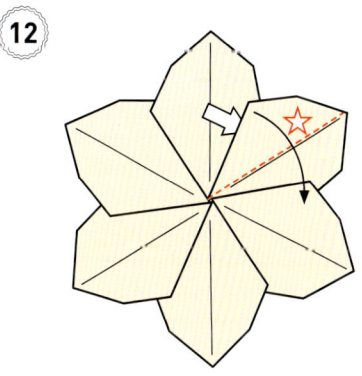

전부 다 하면 사이를 펴고
☆ 부분을 다시 펼칩니다.

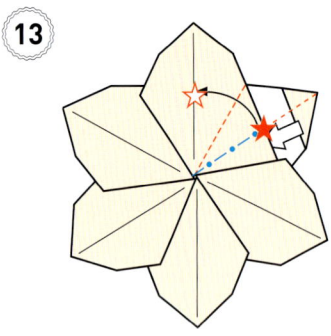

사이를 펴고 ★을 ☆에
맞춰서 접습니다.

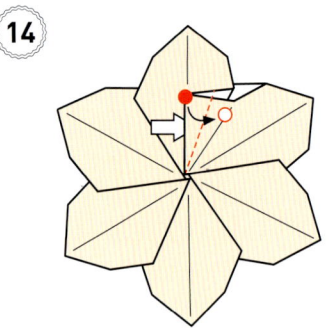

접은 모습. 사이를 펴고
●를 ○에 맞춰서 접습니다.

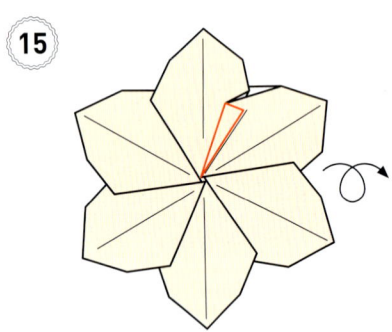

접은 곳(적색선 부분)을 펴서 ⑫의
형태로 원위치시킵니다. 나머지 5군
데도 12~15 까지 똑같이 합니다.

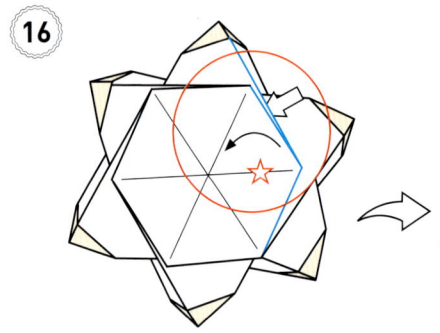

사이를 펴서 접지 않도록 청색 부분
☆을 왼쪽으로 젖힙니다.

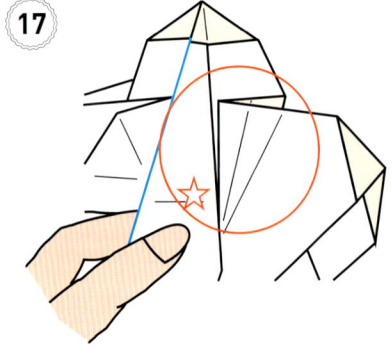

젖힌 모습. ○ 속을 접습니다.

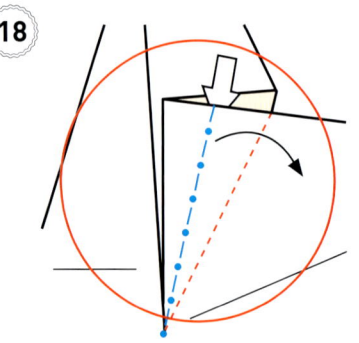

사이를 펴서 13~15 에서 만든
접기선을 그림과 같이 접습니다.

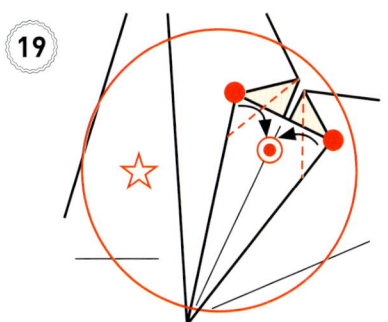

●를 ⊙에 맞춰서 접었다가 원위치시킵니다.

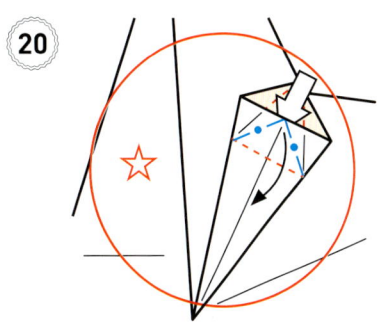

사이를 펴고 그림과 같이 앞쪽으로 화살표 방향대로 접습니다.

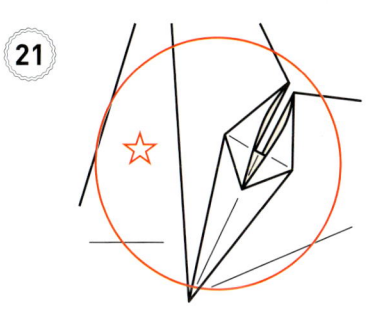

접은 모습. ☆을 ⑯의 형태로 원위치 시킵니다. 나머지 5군데도 16~21 까지 똑같이 합니다.

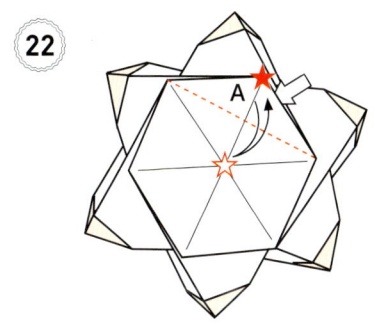

★을 ☆에 맞춰서 접기선을 만듭니다.

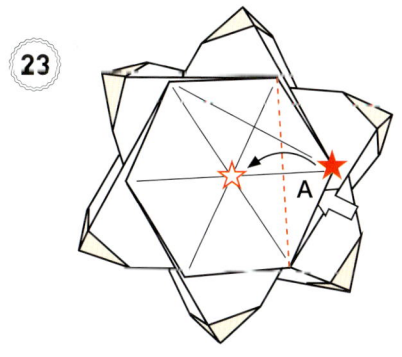

★을 ☆에 맞춰서 접습니다.

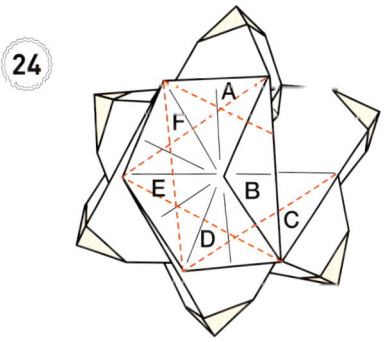

㉓과 마찬가지로 C~F까지 접으며 겹쳐나갑니다. A와 B를 조금 펴서 ㉒에서 만든 접기선대로 접습니다.

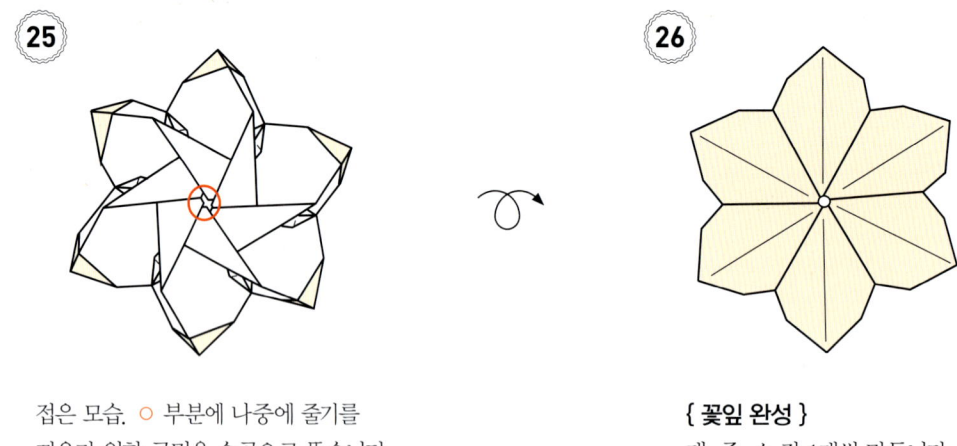

접은 모습. ○ 부분에 나중에 줄기를 끼우기 위한 구멍을 송곳으로 뚫습니다.

{ 꽃잎 완성 }
대, 중, 소 각 1개씩 만듭니다.

✿ 꽃술 만들기

꽃철사에 꽃술을 붙입니다.

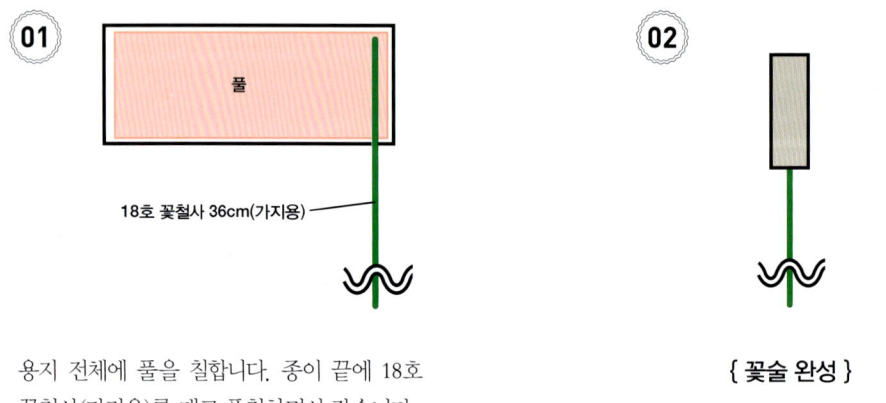

용지 전체에 풀을 칠합니다. 종이 끝에 18호 꽃철사(가지용)를 대고 풀칠하면서 감습니다.

{ 꽃술 완성 }

🌸 수술 접기

6개를 사용합니다.

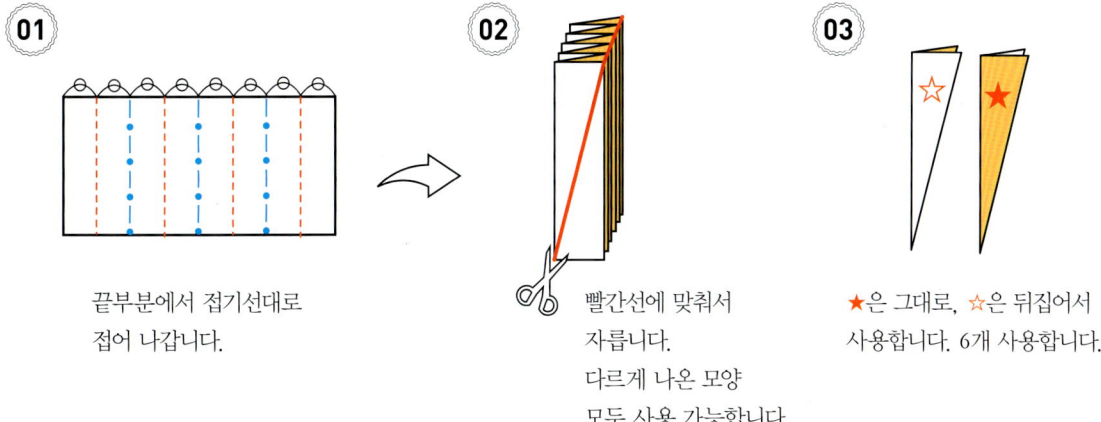

01 끝부분에서 접기선대로 접어 나갑니다.

02 빨간선에 맞춰서 자릅니다. 다르게 나온 모양 모두 사용 가능합니다.

03 ★은 그대로, ☆은 뒤집어서 사용합니다. 6개 사용합니다.

🌸 암술 접기

암술을 1개 접습니다.

01 사각접기(p.12)에서 접기선을 만듭니다.

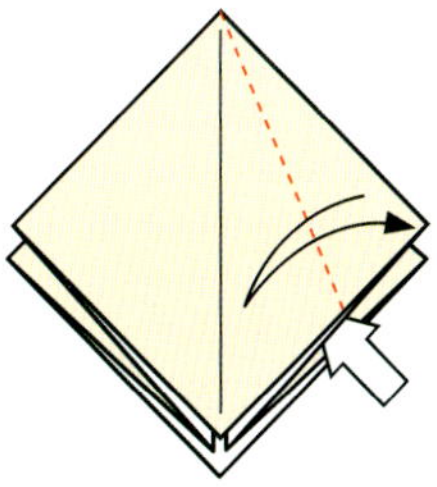

02 사이를 펴고 접기선대로 접습니다.(4군데 모두)

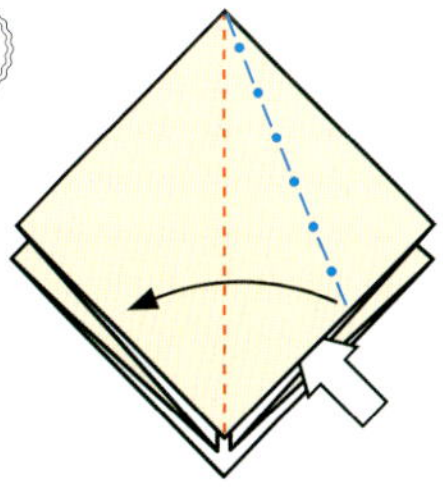

03 사이를 펴고 위의 왼쪽의 1장을 오른쪽으로 젖힙니다. 뒤쪽도 마찬가지입니다.

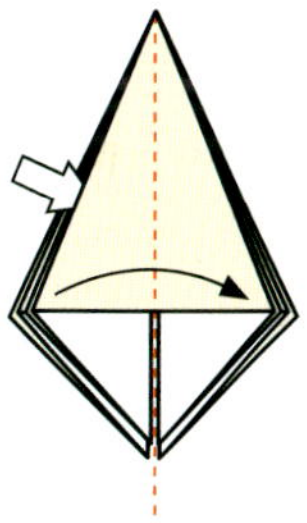

04 사이를 펴고 1장씩 그림과 같이 화살표 방향대로 안으로 접어 풀칠합니다.(4군데 모두)

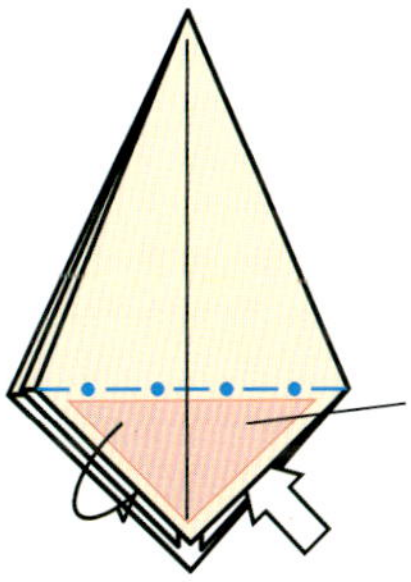

안쪽에 풀칠해서 삼각 부분을 붙인다.

05 조금 펼칩니다.

겹꽃 조립하기

꽃, 수술, 암술을 꽃술 꽃철사에 끼워서 조립합니다.

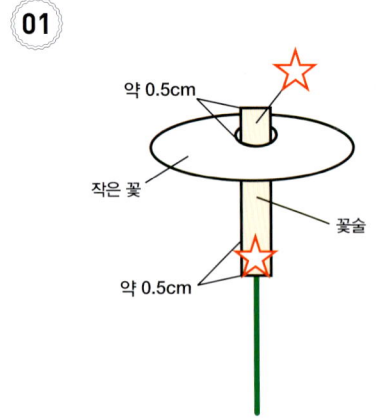

꽃술 주위에 풀을 칠하고 철사를 작은 꽃 가운데에 끼워 넣습니다. 꽃술 끝 쪽이 꽃 위, 약 0.5cm(☆) 정도 튀어나오도록 합니다.

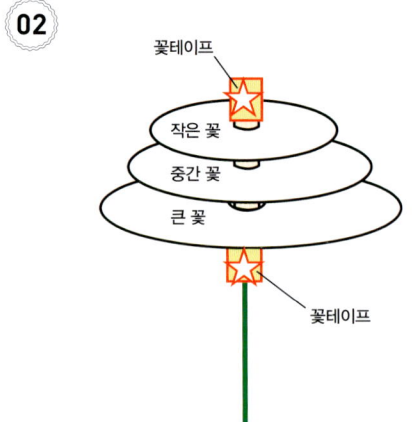

중간 꽃, 큰 꽃도 같은 방법으로 꽃철사를 끼웁니다. ①의 ☆ 부분에 꽃테이프를 감아 풀칠합니다.

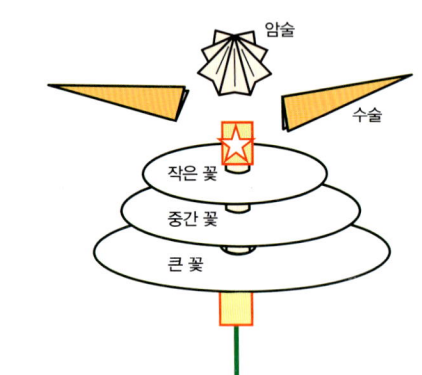

맨 위의 ☆ 부분에 덮어씌우듯이 암술을 얹고, 풀을 꼼꼼히 칠한 후 그 아래에 수술을 6개 풀칠해서 끼워 넣습니다.

[겹꽃에 암술, 수술을 붙인 모습]

❁ 꽃받침을 접어 꽃에 붙이기

꽃받침은 장미의 꽃받침 B(p.34)와 접는 방식이 같습니다. 꽃에 붙이는 방법도 장미를 참고해주세요.

01

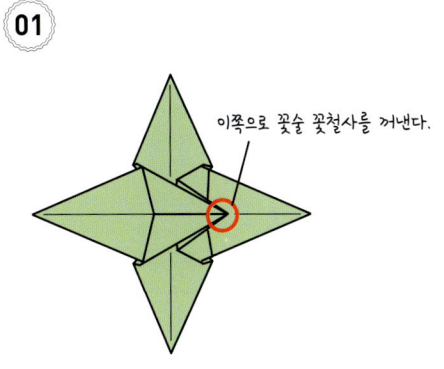

꽃받침을 접습니다.
장미(p.34)참조.

02

꽃받침에 풀을 칠해 꽃과 붙입니다.

❁ 잎을 접어서 조립하기

잎은 장미(p.36)의 잎과 접는 방식이 같습니다. 조립 방식도 장미를 참고해주세요.

01

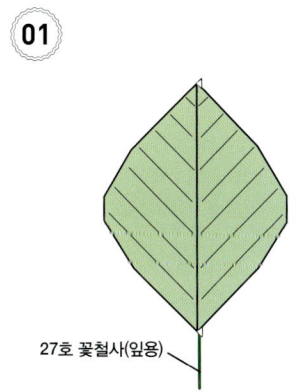

잎을 사이즈를 달리하여
모두 32장 접습니다.

02

작은 잎 2장에 27호 꽃철사(작은 가지용)를
덧대고 꽃테이프로 마무리합니다. 마찬가지로
중간 잎 4장, 큰 잎 2장을 사진처럼 배치하고
꽃테이프로 마무리합니다.

🌸 마무리

가지에 잎을 붙이고 마무리합니다.

잎을 4세트 만들어서 왼쪽의 사진처럼 꽃테이프로 가지에 붙입니다. 잎의 개수는 취향에 따라 가감해주세요.

한 겹인 치자꽃은 꽃을 16cm×16cm 1장으로 만듭니다. 그 외의 만드는 방법은 겹꽃 치자꽃과 같습니다.

• Information •

- 종이 사이즈(꽃 1세트 분)

  꽃 – 16cm×16cm 1매

  꽃술 – 1cm×5cm 1매

  꽃봉오리 – 7.5cm×7.5cm 2매

  꽃받침 – 4.5cm×4.5cm 3매

  잎 – 1.5cm×1.5cm 1매
  　　2cm×2cm 1매, 3cm×3cm 4매
  　　3.75cm×3.75cm 7매
  　　4.5cm×4.5cm 2매, 5cm×5cm 2매
  　　7.5cm×7.5cm 1매

- 기타 필요한 것

  23호 꽃철사 12cm 1개(꽃술용)

  27호 꽃철사 9cm 2개(꽃봉오리용)

  27호 꽃철사 9cm 13개(잎용)

  27호 꽃철사 12cm 3개(잎용)

  27호 꽃철사 36cm 1개(덩굴용)

  18호 꽃철사 36cm 1개(줄기용)

❀ 꽃 접기

꽃종이는 오각형으로 잘라내고 폅니다.(p.14) 꽃은 1개 접습니다.

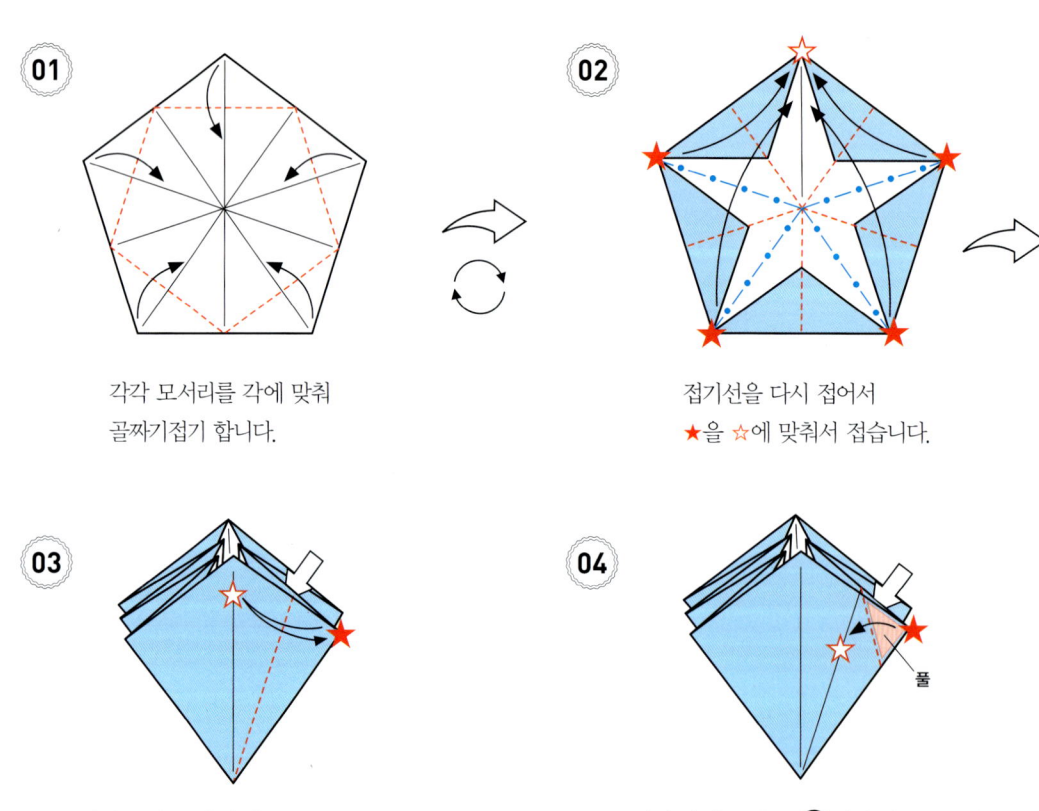

01 각각 모서리를 각에 맞춰 골짜기접기 합니다.

02 접기선을 다시 접어서 ★을 ☆에 맞춰서 접습니다.

03 사이를 펴고 맨 앞의 오른쪽만 ★을 ☆에 맞춰서 접기선을 만듭니다.

04 다시 사이를 펴고 ❸에서 접은 접기선에 맞춰 ★을 ☆에 맞춰서 접고 풀칠합니다.

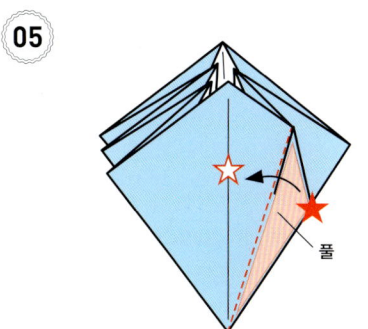

★을 ☆에 맞춰서 접고 풀칠합니다.

풀칠한 모습.
나머지 4군데도 오른쪽을 3~5 와
똑같이 합니다.

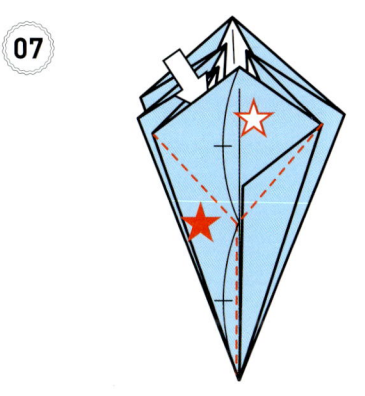

위를 펴고 그림과 같이 골짜기접기를 합니다.
(☆은 앞쪽으로, ★은 오른쪽으로 젖힘)
나머지 4군데도 똑같이 합니다.

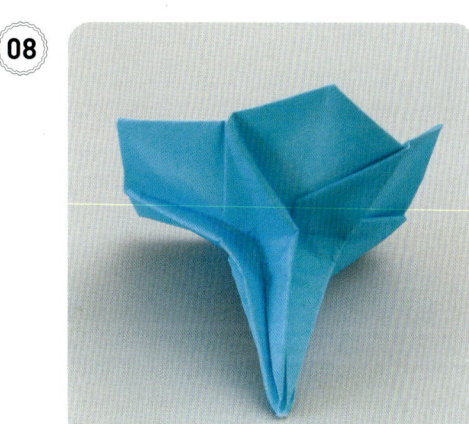

접은 모습.

[위에서 본 모습]
나중에 줄기를 끼우기 위해 ○ 부분에
송곳으로 구멍을 뚫습니다.

나팔꽃 **83**

❃ 꽃술을 만들어 꽃에 붙이기

꽃술을 만들어 꽃에 끼워 넣습니다.

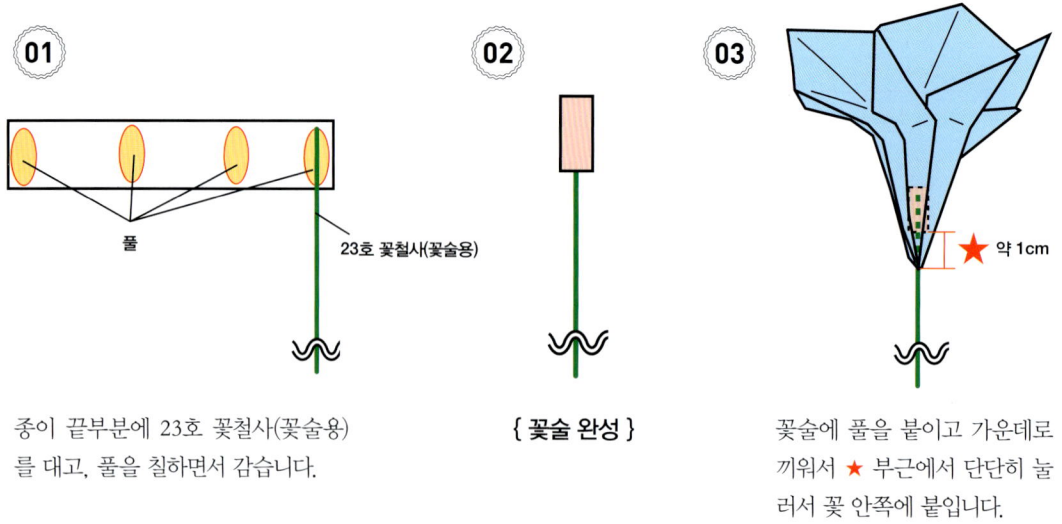

종이 끝부분에 23호 꽃철사(꽃술용)를 대고, 풀을 칠하면서 감습니다.

{ 꽃술 완성 }

꽃술에 풀을 붙이고 가운데로 끼워서 ★ 부근에서 단단히 눌러서 꽃 안쪽에 붙입니다.

❃ 꽃봉오리 접기

꽃봉오리를 2개 접습니다.

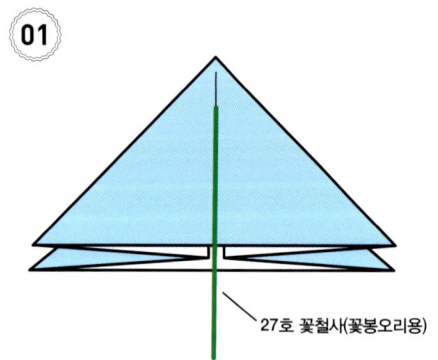

삼각접기(p.12)를 하고 중심에 27호 꽃철사(꽃봉오리용)를 얹습니다.

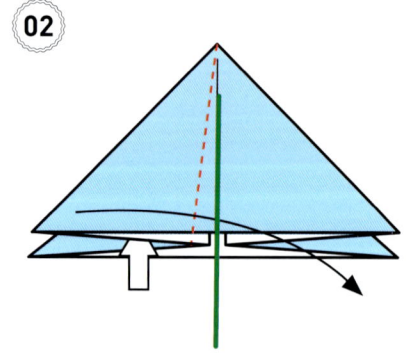

사이를 펴고 맨 앞의 왼쪽만 조금 비스듬하게 접습니다.

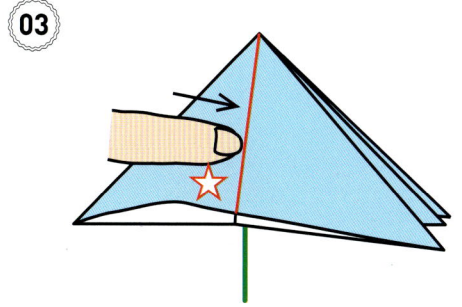

접으면 ☆ 부분이 조금 뜨니까 그것을
접은 곳(적색선) 아래에 넣습니다.

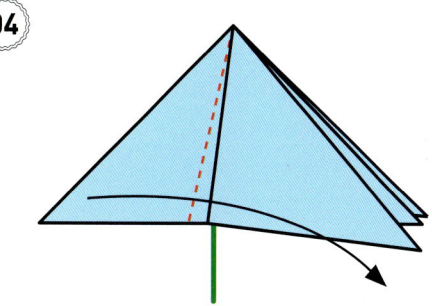

비스듬하게 접습니다.

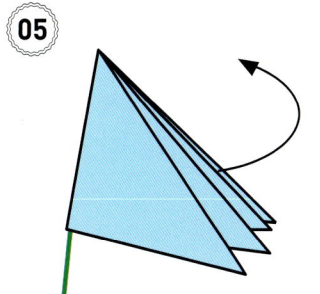

뒤쪽의 1장을
왼쪽으로 젖힙니다.

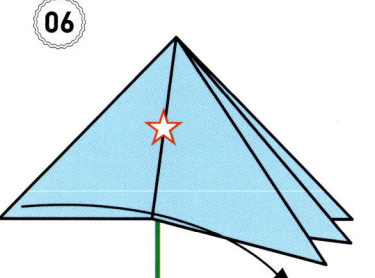

②와 같이 ☆선에 따라
골짜기접기를 합니다.

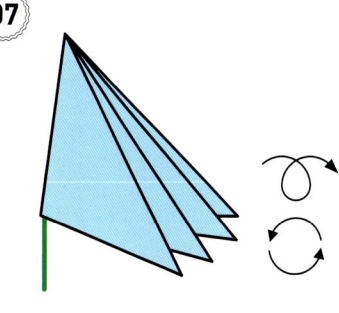

접은 모습.

☆에서 위쪽이 뾰족해지도록
촘촘하게 말아갑니다.

밑동 부분을 비틀듯이 막고 풀칠합니다.

나팔꽃

🌸 잎 접기

잎을 사이즈를 달리하여 모두 18장을 접고, 잎의 심이 되는 철사를 붙입니다.

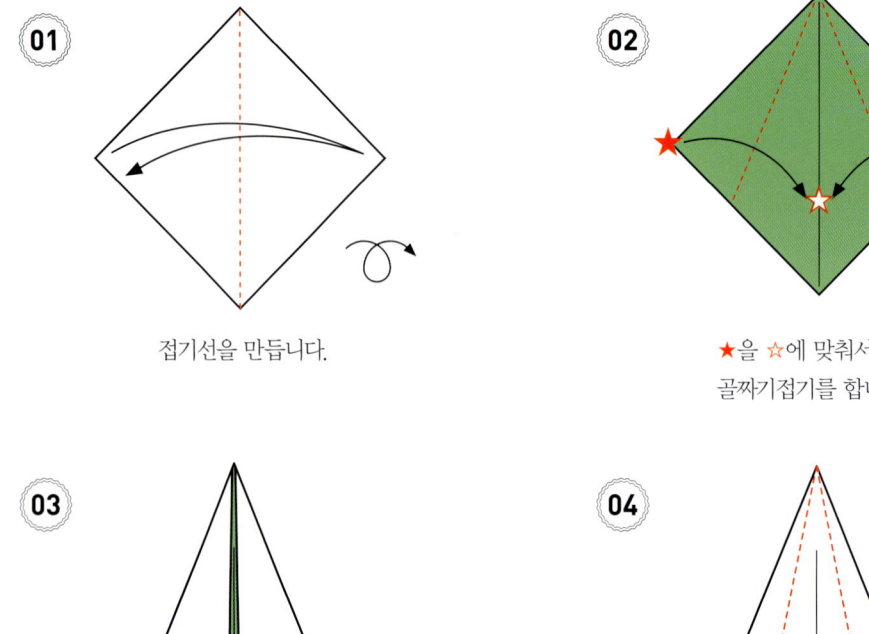

01 접기선을 만듭니다.

02 ★을 ☆에 맞춰서 골짜기접기를 합니다.

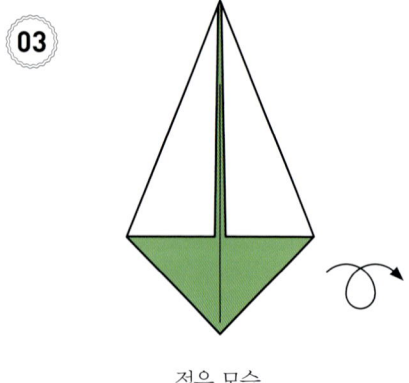

03 접은 모습.

04 ②에서 접은 삼각 부분을 접지 않도록 하고 ★을 ☆에 맞춰서 골짜기접기를 합니다.

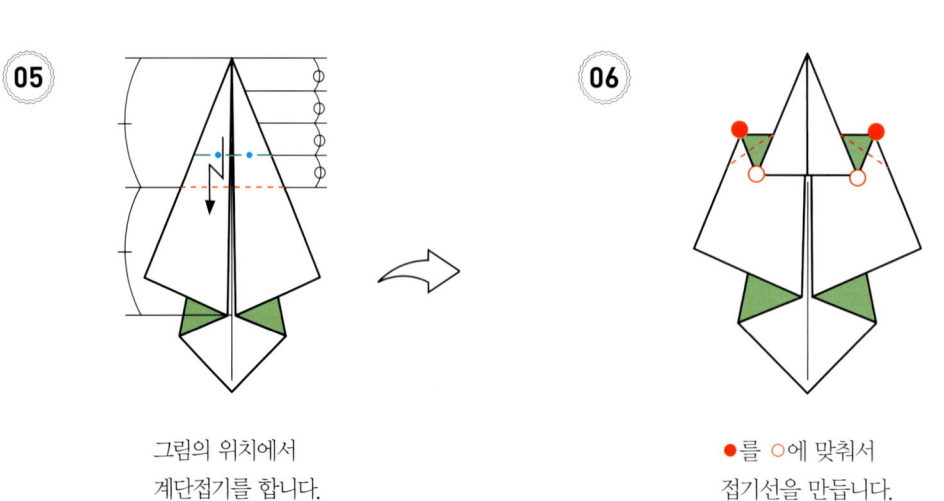

05 그림의 위치에서 계단접기를 합니다.

06 ●를 ○에 맞춰서 접기선을 만듭니다.

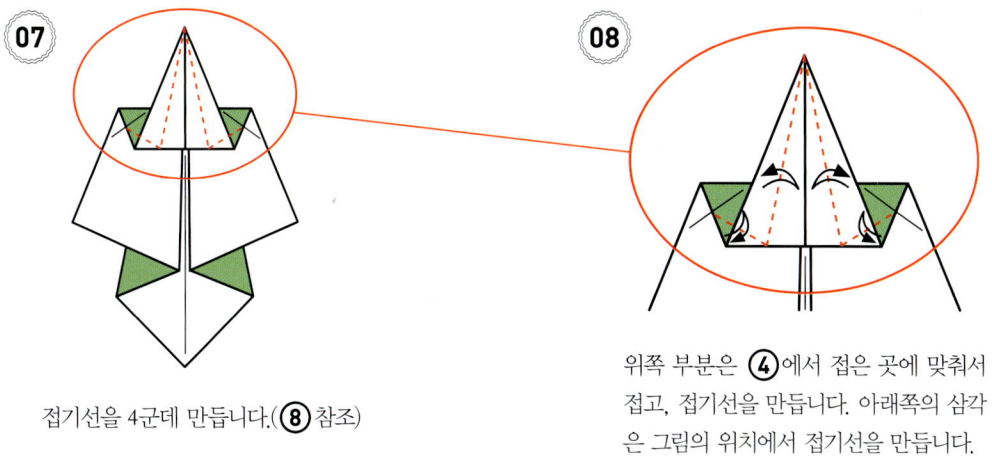

07 접기선을 4군데 만듭니다.(⑧참조)

08 위쪽 부분은 ④에서 접은 곳에 맞춰서 접고, 접기선을 만듭니다. 아래쪽의 삼각은 그림의 위치에서 접기선을 만듭니다.

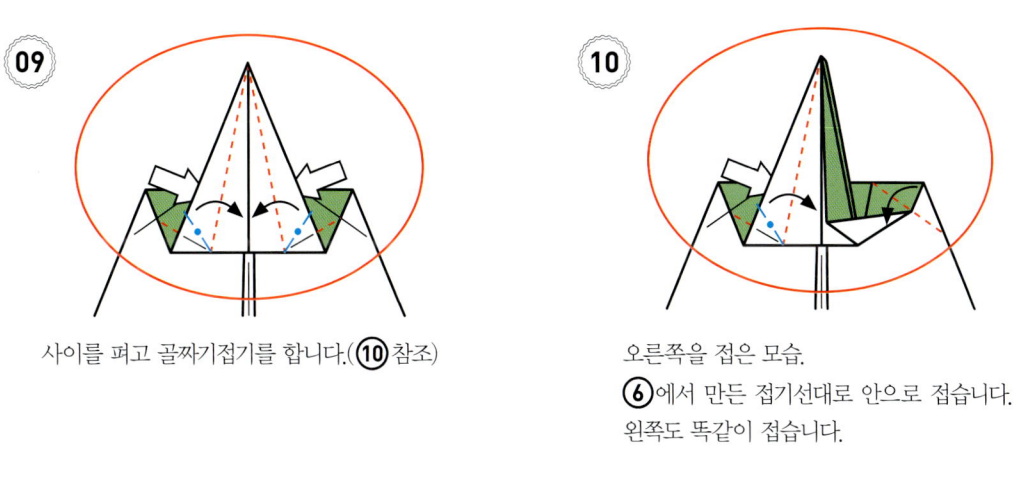

09 사이를 펴고 골짜기접기를 합니다.(⑩참조)

10 오른쪽을 접은 모습.
⑥에서 만든 접기선대로 안으로 접습니다.
왼쪽도 똑같이 접습니다.

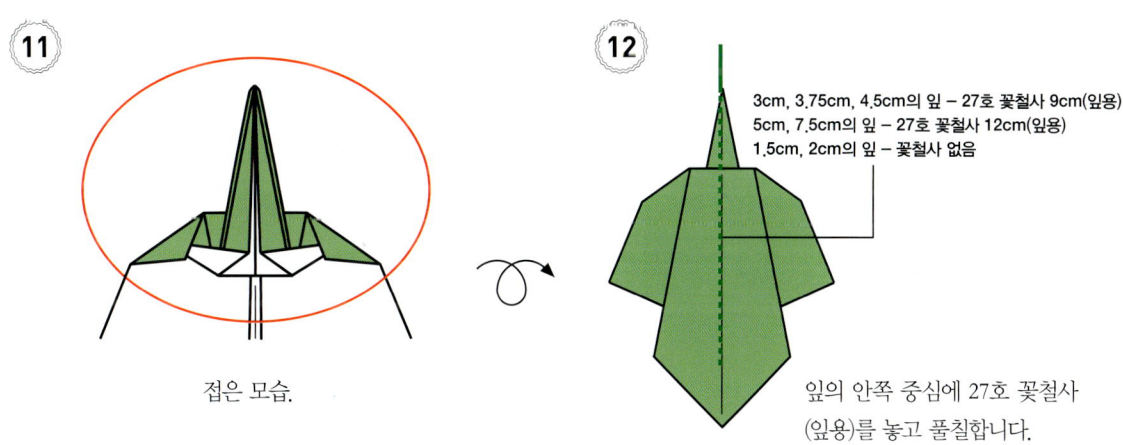

11 접은 모습.

12 3cm, 3.75cm, 4.5cm의 잎 – 27호 꽃철사 9cm(잎용)
5cm, 7.5cm의 잎 – 27호 꽃철사 12cm(잎용)
1.5cm, 2cm의 잎 – 꽃철사 없음

잎의 안쪽 중심에 27호 꽃철사(잎용)를 놓고 풀칠합니다.

❀ 꽃받침을 만들어 꽃에 붙이기

꽃받침은 장미(p.34)와 접는 방식이 같습니다. 꽃의 꽃받침과 꽃봉오리의 꽃받침은 공통입니다.

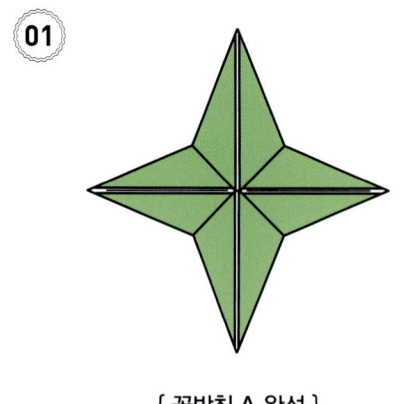

{ 꽃받침 A 완성 }

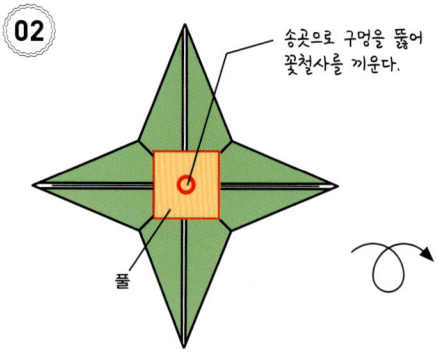

송곳으로 구멍을 뚫어 꽃철사를 끼운다.

풀

○ 안에 꽃술을 끼우고 가운데에 풀칠합니다.

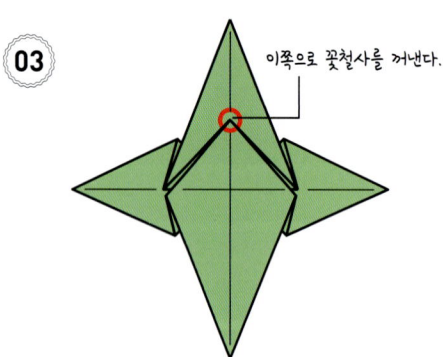

이쪽으로 꽃철사를 꺼낸다.

꽃과 꽃받침을 풀칠하고 ○에서 꽃철사를 꺼냅니다.

[꽃과 꽃봉오리에 꽃받침을 붙인 모습]

🌸 마무리

줄기에 잎을 붙이고 마무리합니다.

01

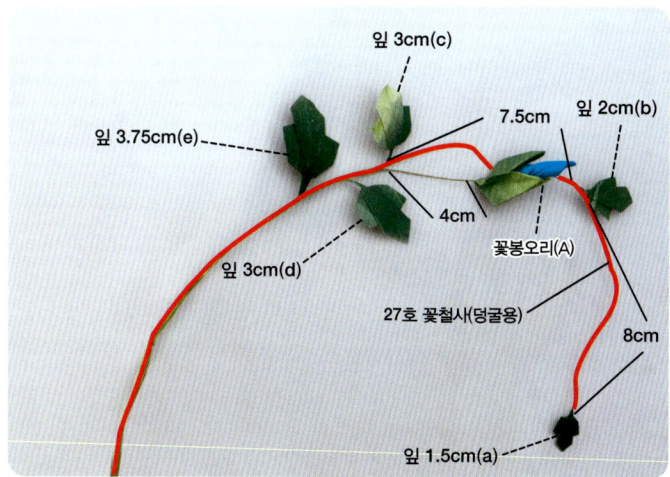

27호 꽃철사(덩굴용)(적색선)의 맨 끝에 잎 1.5cm(**a**)를 붙입니다.
계속해서 잎 2cm(**b**)를 붙이고, 거기서 7.5cm 떨어진 곳에 꽃봉오리(**A**)와 잎 3cm(**c, d**), 잎 3.75cm(**e**)를 붙이면서 꽃테이프로 순서대로 감습니다.

02

꽃봉오리(**B**) 아래 3cm 되는 곳에 잎 3cm(**f**)를 맞춰서, 18호 꽃철사(줄기용)(청색선)를 덧댑니다. 꽃테이프로 감습니다. 마찬가지로 잎 3cm(**g**), 잎 3.75cm(**h, i**)를 순서대로 붙여나갑니다.

나팔꽃

03

꽃 아래 5cm 되는 곳에 잎 3.75cm를 1~2도 함께 꽃테이프로 감습니다.

04

나머지 잎(3.75cm 3장, 4.5cm 2장, 5cm 2장, 7.5cm 1장)을 2~3cm 간격으로 붙입니다. 완성.

• Information •

- 종이 사이즈(꽃 1세트 분)

  꽃잎 – 7.5cm×7.5cm 3매
  꽃받침 – 7.5cm×7.5cm 3매
  수술 – 9cm×9cm 3매
  암술 – 1.5cm×1.5cm 3매
  잎 – 2cm×2cm 4매
  　　2.5cm×2.5cm 4매
  　　3cm×3cm 4매
  　　3.5cm×3.5cm 6매
  　　4cm×4cm 6매

- 기타 필요한 것

  27호 흰 꽃철사 9cm 3개(암술용)
  27호 꽃철사 12cm 3개(꽃용)
  27호 꽃철사 9cm 24개(잎용)
  18호 꽃철사 36cm 1개(줄기용)

❀ 꽃잎 접기

꽃잎을 모두 3장 접습니다.

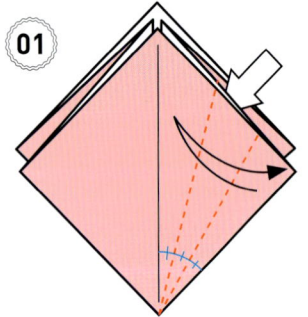

01 사각접기(p.12)에서 사이를 펴서 우선 맨 앞의 오른쪽만 삼등분으로 접기선을 만듭니다.

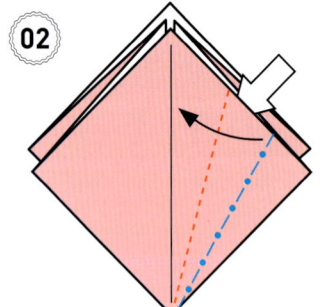

02 사이를 펴서 그림과 같이 접습니다.

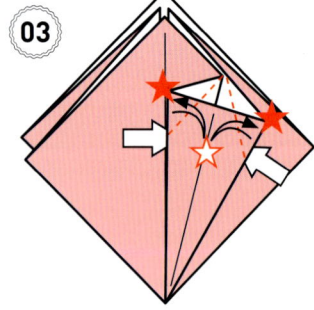

03 ★을 ☆에 맞춰서 접기선을 만듭니다.

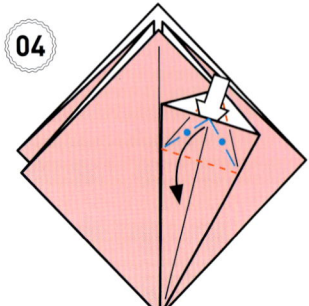

04 사이를 펴고 접습니다.

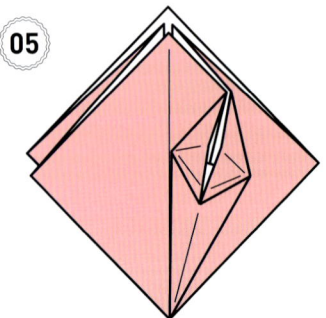

05 접은 모습. 나머지 3군데도 1~4까지 똑같이 합니다.

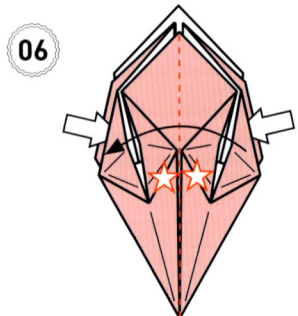

06 사이를 펴서 왼쪽으로 젖힙니다. 뒤쪽도 마찬가지.
☆부분은 ⑦에서 사용합니다.

07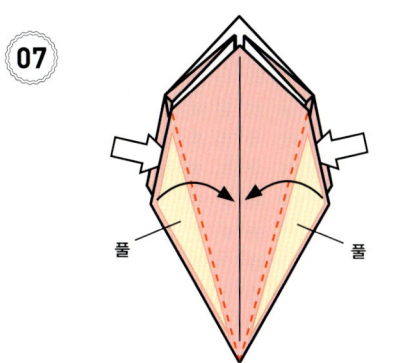

풀   풀

①에서 만든 접기선에서 골짜기접기를 하고 풀칠합니다. ⑥의 ☆ 부분의 안쪽도 풀칠합니다. 뒤쪽도 마찬가지.

08

위를 조금 펴고 꽃잎을 안쪽으로 구부립니다.

09

[꽃잎을 구부린 모습]

10

{ 꽃잎 완성 }
나중에 꽃용 꽃철사를 끼우기 위해 ○ 부분에 송곳으로 구멍을 뚫습니다.

❀ 꽃받침 접기

카네이션의 꽃받침(p.19) 1~4 까지 똑같이 접습니다. 3개를 접습니다

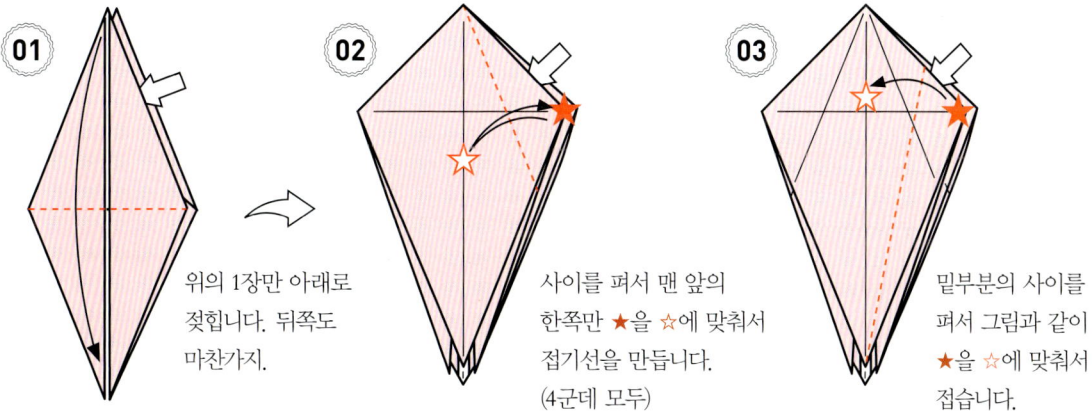

01

위의 1장만 아래로 젖힙니다. 뒤쪽도 마찬가지.

02

사이를 펴서 맨 앞의 한쪽만 ★을 ☆에 맞춰서 접기선을 만듭니다. (4군데 모두)

03

밑부분의 사이를 펴서 그림과 같이 ★을 ☆에 맞춰서 접습니다.

푸크시아 93

04

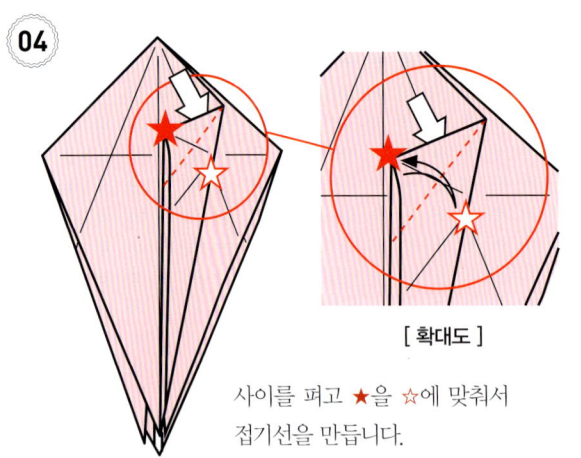
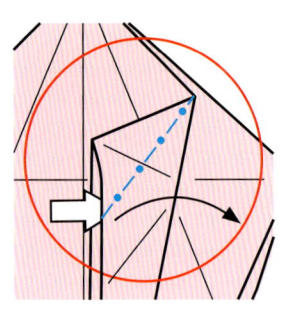

[확대도]

사이를 펴고 ★을 ☆에 맞춰서
접기선을 만듭니다.

05

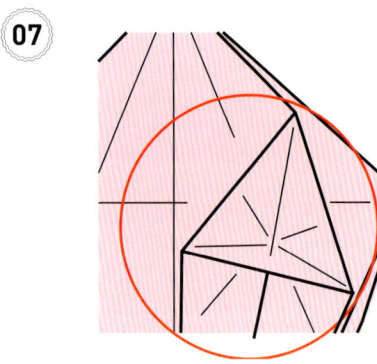

사이를 펴고 속을 넓힙니다.

06

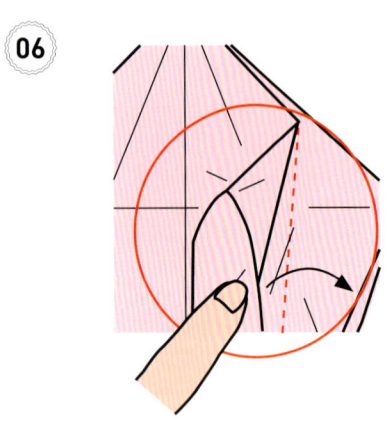

펼친 모습.
속이 주머니 모양으로 되어
있으므로 단단히 펼칩니다.

07

펼친 모습. 나머지 3군데도
3~7 까지 똑같이 합니다.

08

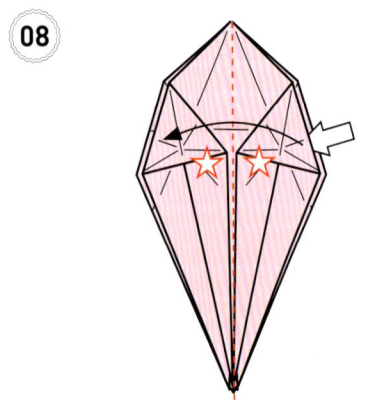

사이를 펴고 왼쪽으로 젖힙니다.
뒤쪽도 마찬가지.
☆부분은 ⑨에서 사용합니다.

09

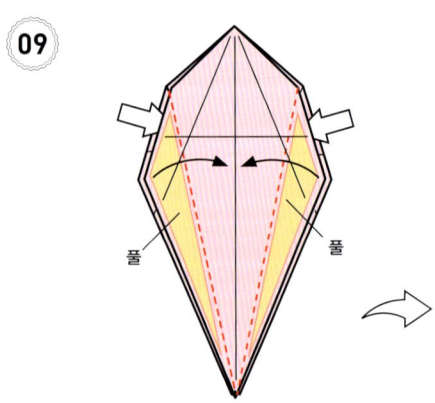

풀   풀

양쪽 모두 사이를 펴고 ③에서 만든 접기선
에서 골짜기접기를 하고 풀칠합니다. ⑧의 ☆
부분 안쪽도 풀칠합니다. 뒤쪽도 마찬가지.

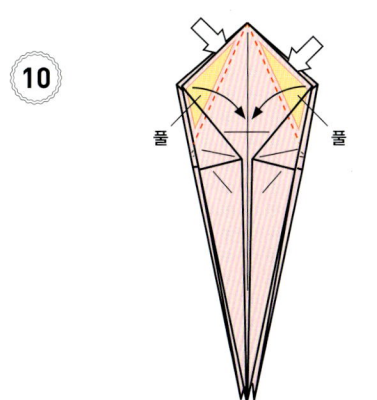

⑩ 양쪽 모두 사이를 펴고 ②에서 만든 접기선에서 골짜기접기를 하고 풀칠합니다. 뒤쪽도 마찬가지.

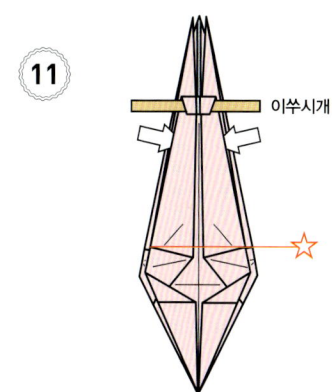

⑪ 꽃받침은 4장 모두 ☆선 부근까지 색연필 등으로 바깥쪽으로 맙니다.

⑫

[꽃받침을 펼친 모습]
나중에 꽃용 꽃철사를 끼우기 위해 ○ 부분에 송곳으로 구멍을 뚫습니다.

❀ 암술 접기

암술을 모두 3개 접습니다.

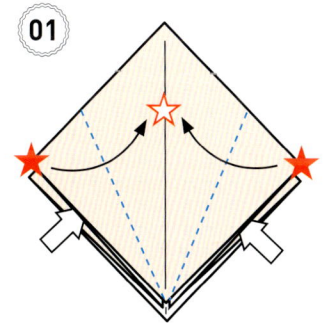

01 사각접기(p.12)에서 우선 맨 앞의 양쪽 끝 ★을 ☆에 맞춰서 골짜기접기를 하고 풀칠합니다. 뒤쪽도 똑같이 합니다.

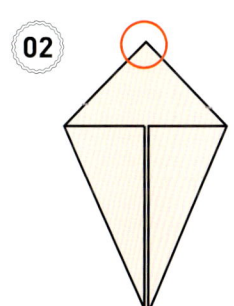

02 { 암술 완성 }
나중에 암술용 꽃철사를 끼우기 위해 ○ 부분에 송곳으로 구멍을 뚫습니다. 똑같이 모두 3개를 만듭니다.

푸크시아 95

수술 접기

수술을 모두 3개 접습니다.

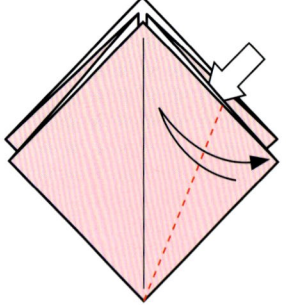

사각접기(p.12)에서 사이를 펴고 맨 앞의 한쪽만 접기선을 만듭니다.

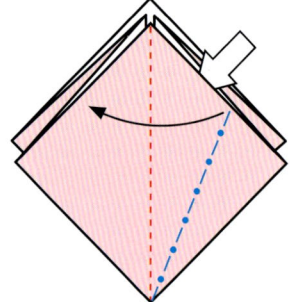

사이를 펴서 한쪽만 접기선대로 접습니다.

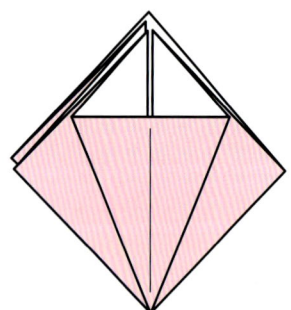

접은 모습. 나머지 3군데도 1~2와 똑같이 합니다.

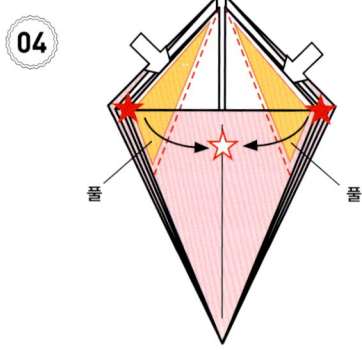

맨 앞의 양쪽 끝 ★을 ☆에 맞춰서 골짜기접기를 하고 풀칠합니다.

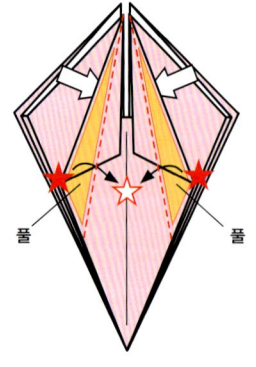

④와 마찬가지로 골짜기접기를 하고 ★을 ☆에 맞춰서 풀칠합니다. 나머지 3군데도 4~5와 똑같이 합니다.

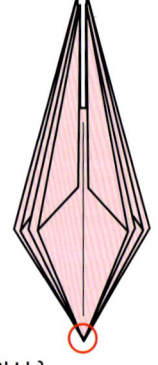

{ 수술 완성 }

나중에 꽃용 꽃철사를 끼우기 위해 ○ 부분에 송곳으로 구멍을 뚫습니다.

🌸 꽃 조립

수술, 암술, 꽃잎, 꽃받침을 조립합니다.

01

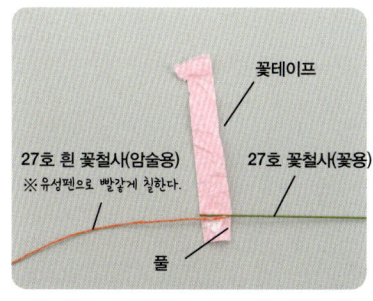

27호 흰 꽃철사(암술용)를 유성 펜으로 빨갛게 칠하고, 27호 꽃철사(꽃용)에 약 0.5cm 겹쳐서 꽃테이프로 감습니다.

02

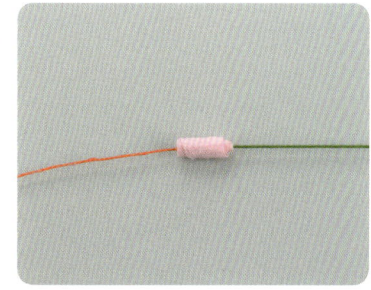

감은 모습.

03

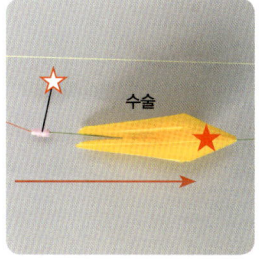

수술 안에 꽃용 꽃철사를 끼워 넣고 ☆이 ★에 오도록 합니다.

04

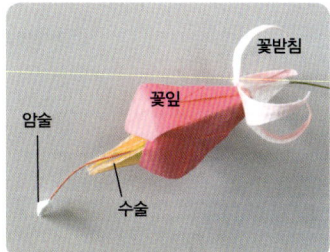

수술 밑동에 풀을 칠해서 ③을 꽃잎(p.93 ⑩) 속에 끼워 넣습니다. 그리고 꽃잎 밑동에 풀을 칠해서 꽃받침에 끼워 넣습니다. 꽃받침 밑동을 단단히 눌러 줍니다. 마지막으로 암술(p.95)을 풀칠합니다.

🌸 마무리

잎은 장미잎(p.36)과 같은 방식으로 접고, 줄기에 꽃과 잎을 붙여서 마무리합니다.

01

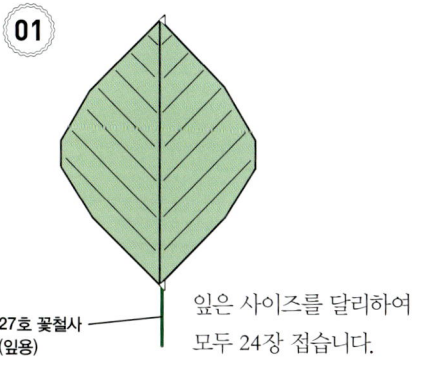

잎은 사이즈를 달리하여 모두 24장 접습니다.

02

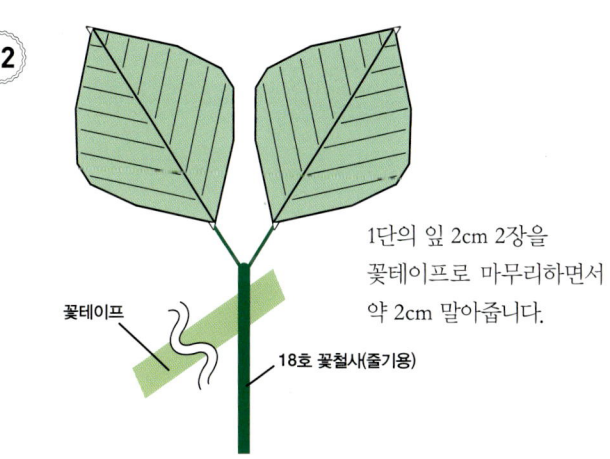

1단의 잎 2cm 2장을 꽃테이프로 마무리하면서 약 2cm 말아줍니다.

푸크시아 97

03

마찬가지로 잎을 2장씩 1.5cm 간격으로 3단까지 붙입니다. 4단에 꽃 1개와 잎을 2장 붙입니다.

4 단의 꽃

04

완성 사진을 참고로 해서 나머지 잎과 꽃을 붙여주세요.
5~9단까지는 2cm 간격으로, 10~12단 까지는 3cm 간격으로 잎을 붙입니다.
꽃은 8단과 11단에 붙입니다. 꽃이나 잎의 개수는 취향에 따라 가감해주세요.

1~2 단 - 잎 2cm
3~4 단 - 잎 2.5cm
5~6 단 - 잎 3cm
4 단의 꽃
8 단의 꽃
7~9 단 - 잎 3.5cm
10~12 단 - 잎 4cm
11 단의 꽃

Let's Make Flower 11

Autumn 국화

• Information •

• 종이 사이즈(꽃 1세트 분)

작은 꽃 – 6cm×6cm 8매
큰 꽃 – 7.5cm×7.5cm 8매
잎 – 6cm×6cm 1매

❋ 꽃잎을 접어 꽃 조립하기

꽃 1개당 꽃잎을 8장 접어서 조립합니다.

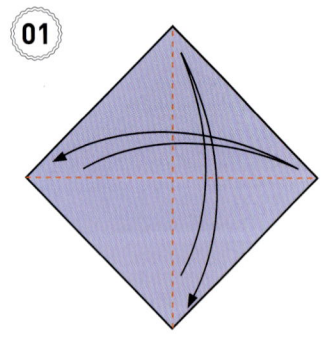

접기선을 만듭니다.

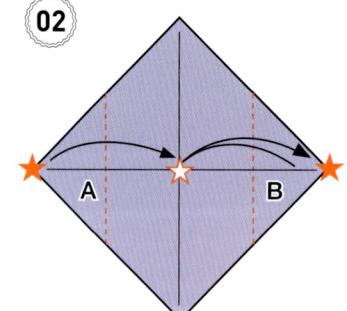

★을 ☆에 맞춰서 A는 접고,
B는 접기선만 만듭니다.

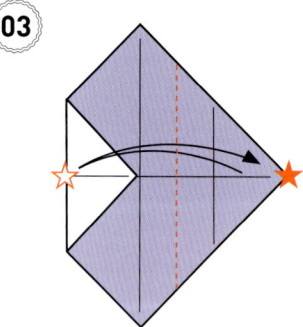

★을 ☆에 맞춰서 접기선을
만듭니다.

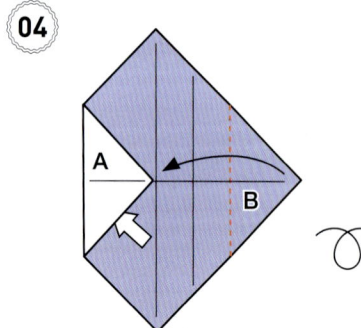

A를 펴고 B를 ③과 똑같이
접었다가 펍니다.

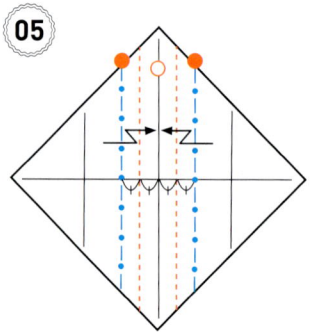

양쪽 ●의 선을 ○에 맞춰서
계단접기를 합니다.

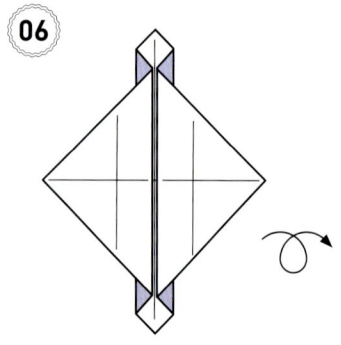

접은 모습.

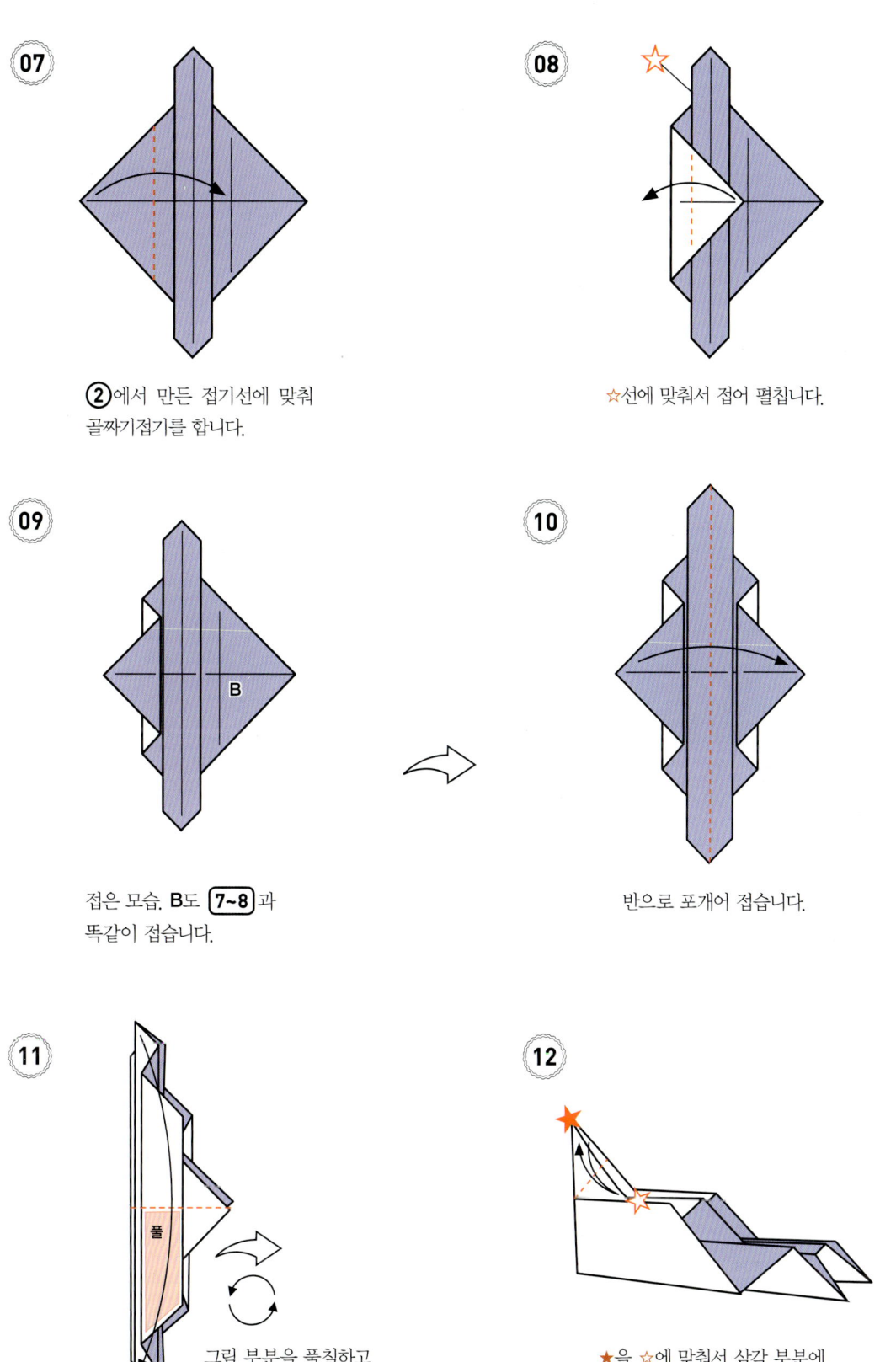

 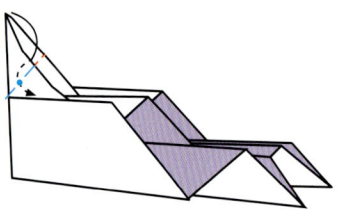

안으로 넣어 접기를 합니다.
똑같이 8장 만듭니다.

 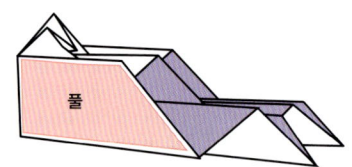

그림의 위치에 풀칠하고 꽃잎 8장을
서로 붙여서 원형을 만듭니다.

{ 꽃 완성 }

[뒤쪽에서 본 모습]

❋ 잎 접기

잎의 매수는 취향대로 만들어주세요.

 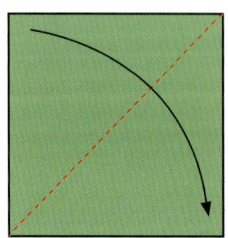

바깥쪽을 위로 하고
반으로 접습니다.

 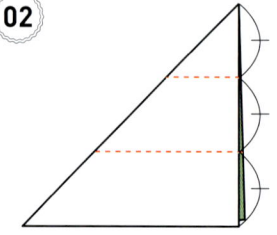

접은 2장을 겹쳐서
3등분의 접기선을 만듭니다.

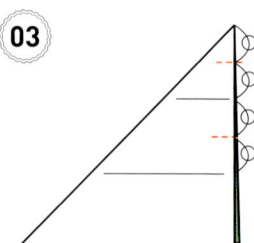

다시 그림의 위치에 살짝
접기선을 만듭니다.

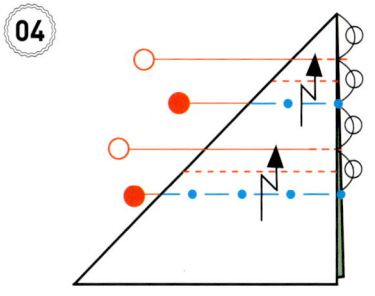

한꺼번에 ●를 ○선에 맞춰 각각 계단접기를 하여 접기선을 만들었다가 폅니다.

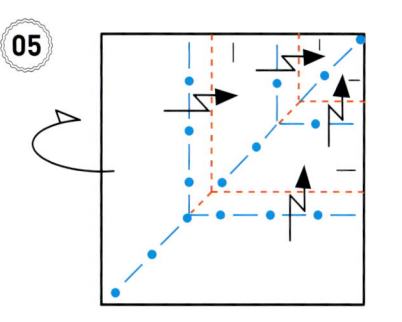

접기선을 그림과 같이 다시 접었다가 반으로 접으면서 모양을 잡습니다.

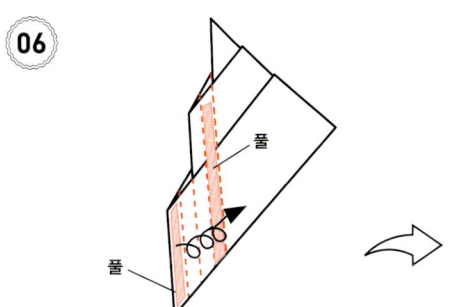

풀을 칠하고 왼쪽부터 순서대로 조금씩 감아 접다가 마지막에 다시 풀칠을 해서 고정시킵니다.

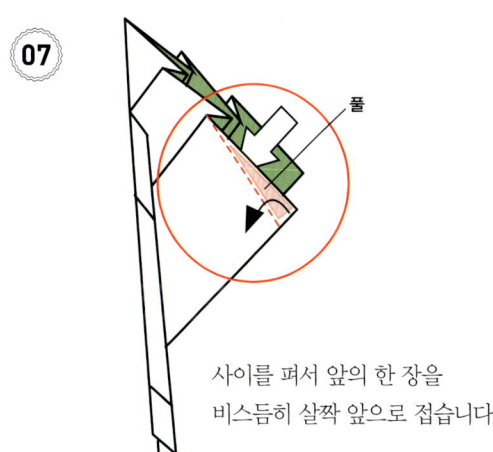

사이를 펴서 앞의 한 장을 비스듬히 살짝 앞으로 접습니다.

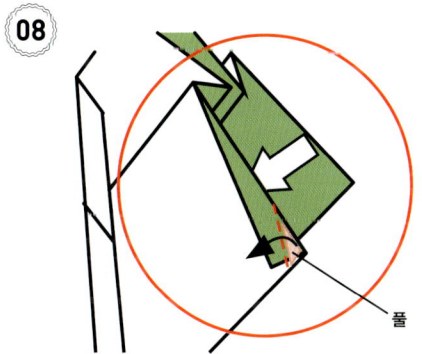

다시 모서리를 조금 접고 풀칠합니다.

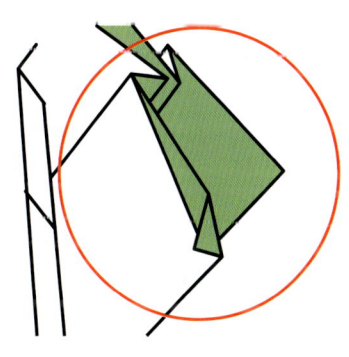

접어서 풀칠한 모습.
뒤쪽도 7~8과 똑같이 합니다.

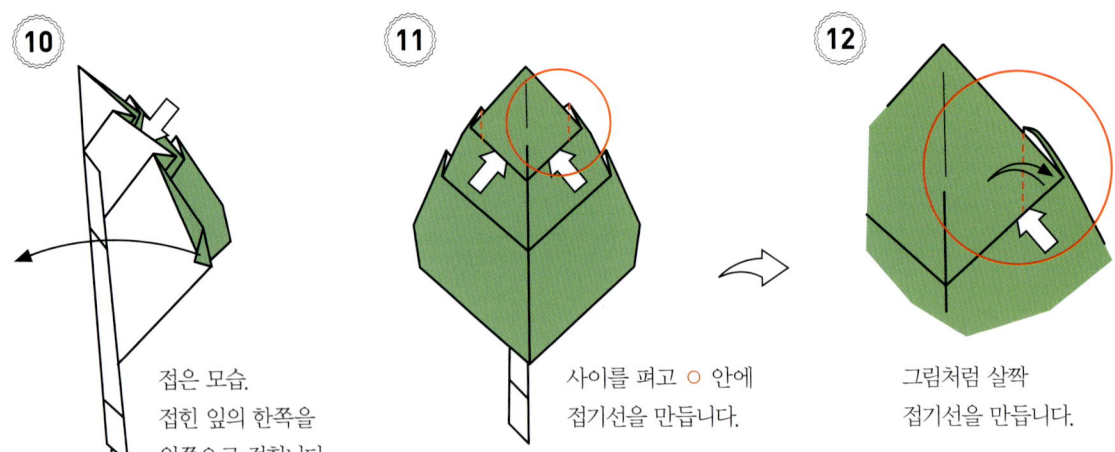

10 접은 모습.
접힌 잎의 한쪽을
왼쪽으로 젖힙니다.

11 사이를 펴고 ○ 안에
접기선을 만듭니다.

12 그림처럼 살짝
접기선을 만듭니다.

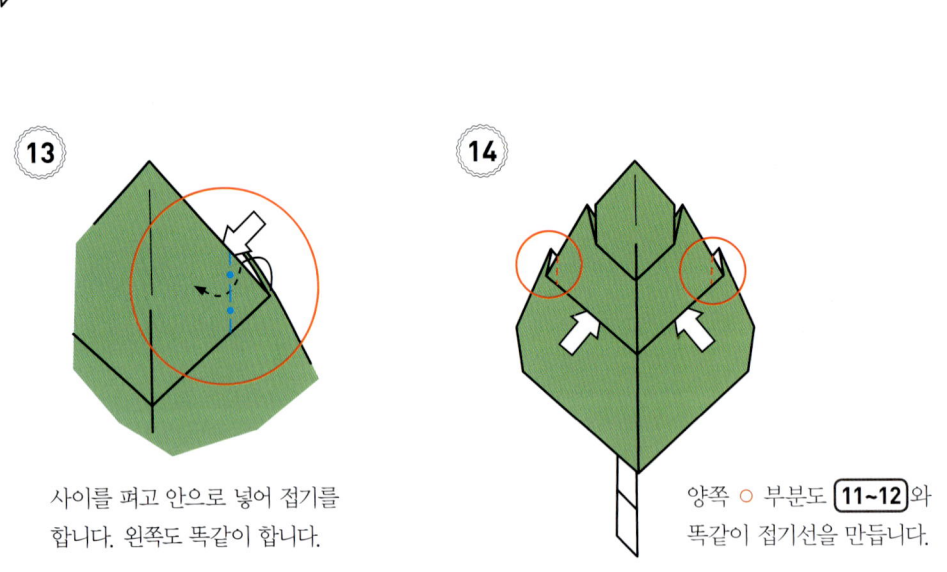

13 사이를 펴고 안으로 넣어 접기를
합니다. 왼쪽도 똑같이 합니다.

14 양쪽 ○ 부분도 11~12와
똑같이 접기선을 만듭니다.

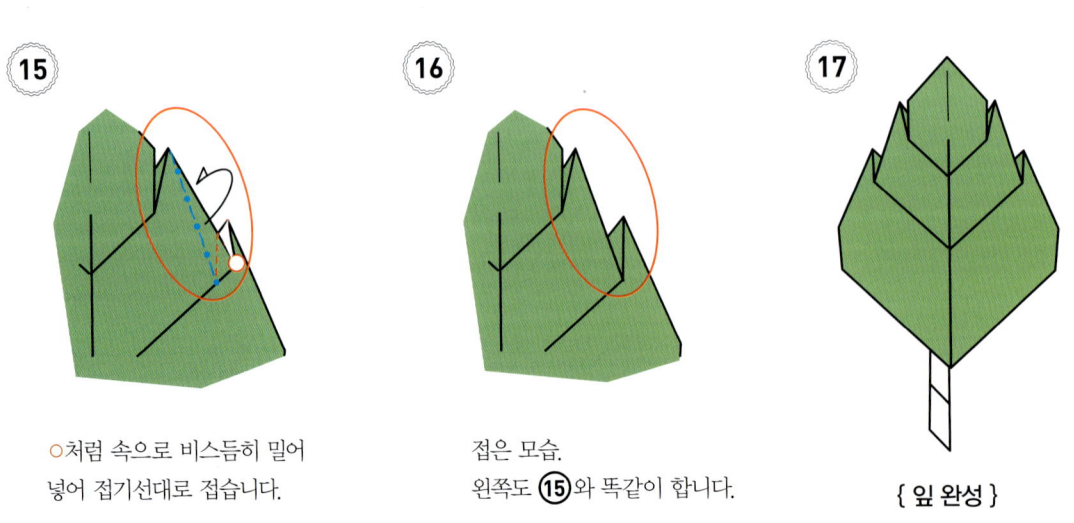

15 ○처럼 속으로 비스듬히 밀어
넣어 접기선대로 접습니다.

16 접은 모습.
왼쪽도 15와 똑같이 합니다.

17 { 잎 완성 }

Autumn 황제 달리아

Let's Make Flower 12

• Information •

- 종이 사이즈(꽃 1세트 분)

  꽃잎 – 15cm×15cm 1매
  　　　13cm×13cm 1매
  　　　11cm×11cm 1매
  　　　9cm×9cm 1매
  　　　7cm×7cm 1매
  　　　5cm×5cm 1매

  꽃술 – 2cm×2cm 1매

  꽃받침 – 7cm×7cm 2매

  잎 – 소 4.5cm×4.5cm 18매
  　　중 5.5cm×5.5cm 12매
  　　대 6.5cm×6.5cm 12매

- 기타 필요한 것

  18호 꽃철사 36cm 1개(줄기용)
  27호 꽃철사 9cm 42개(잎용)
  27호 꽃철사 36cm 6개(가지용)

❀ 꽃잎 접기

꽃 1개당 꽃잎을 사이즈를 달리해서 모두 6장 접습니다.

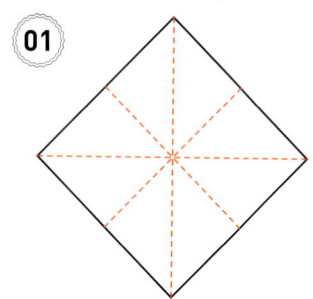

01 그림처럼 접기선을 만듭니다.

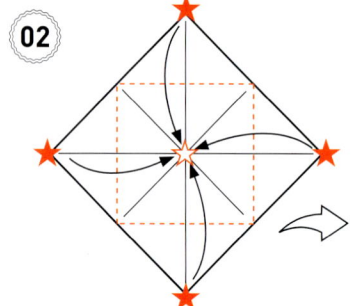

02 ★을 ☆에 맞춰서 안으로 접습니다.

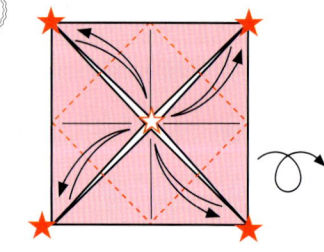

03 ②와 똑같이 접어서 접기선을 만듭니다.

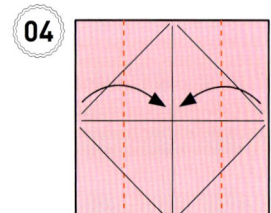

04 ②에서 접은 삼각을 접지 않도록 하고 그림과 같이 안으로 접습니다.

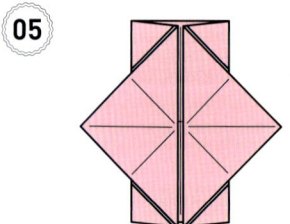

05 접은 모습.
④의 형태로 되돌립니다. 상하(위아래)도 ④와 똑같이 접은 다음 원위치시킵니다.

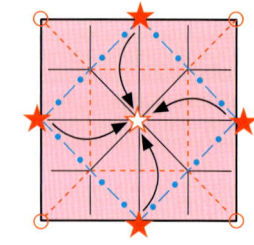

06 ○ 부분을 잡고, ②와 같이 뒤쪽의 삼각을 접지 않도록 하고 ★을 ☆에 맞춰서 접습니다.

07

잡아 세운 부분(○)을 각각 그림처럼 젖혀서 접기선을 만듭니다.

08

[○를 젖힌 모습]

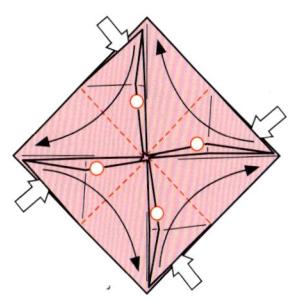

09

⑧에서 젖힌 부분(○)을 반대편으로 젖힙니다.

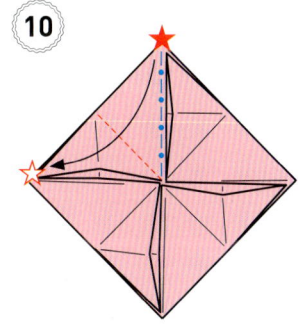

10

★ 부분을 끌어당겨서 ★을 ☆에 맞춰서 접기선대로 접습니다.

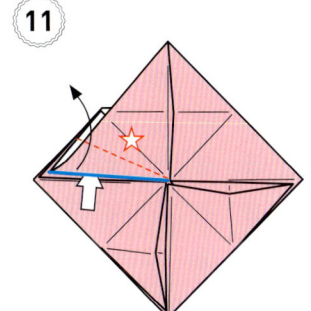

11

⑩에서 접은 부분의 파란선을 ☆에 맞춰서 접습니다.

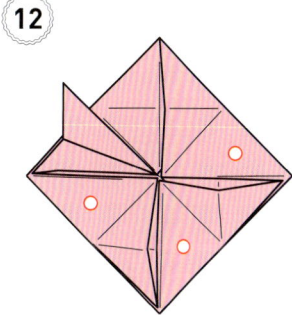

12

접은 모습.
나머지 3군데의 ○ 부분도 10~11과 똑같이 합니다.

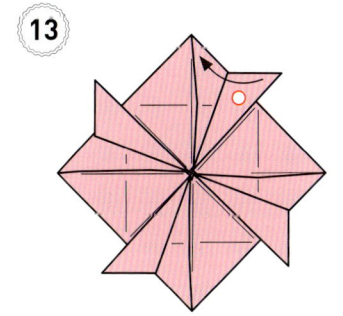

13

○ 부분을 원위치시킵니다.

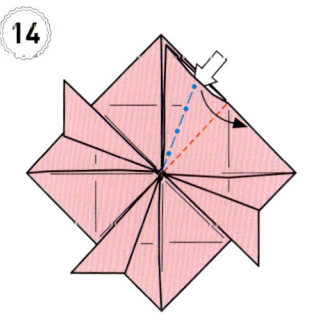

14

사이를 펴고 눌러줍니다.

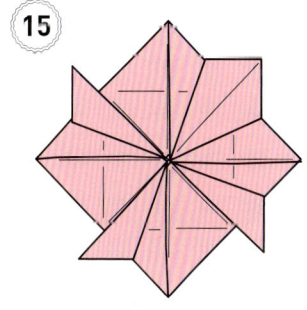

15

눌러준 모습.
나머지 3군데도 13~14와 똑같이 합니다.

황제 달리아

⑯

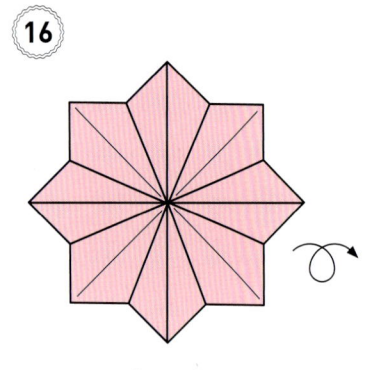

접은 모습.

⑰

사이를 펴고 ★을 ☆에 맞춰서 접기선을 만듭니다.

⑱

사이를 펴고 ★을 ☆에 맞춰서 골짜기접기를 합니다.

⑲

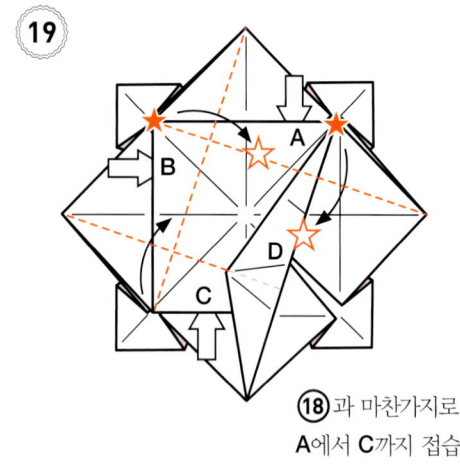

⑱과 마찬가지로 A에서 C까지 접습니다.

⑳

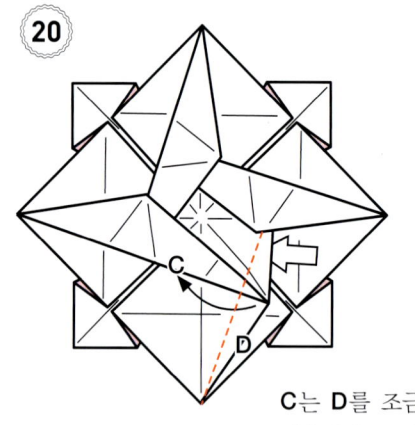

C는 D를 조금 폈다가 C를 접습니다. 그러고 나서 D를 다시 접습니다.

㉑

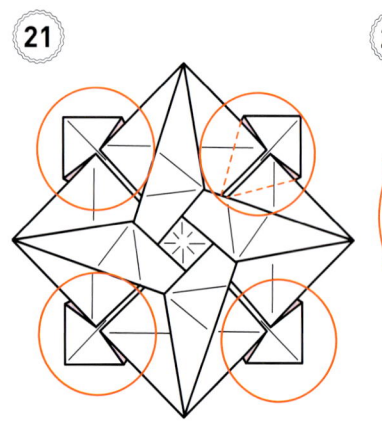

○ 안을 펼쳐 접습니다.

㉒

사이를 펴고 우선 골짜기접기를 합니다.

㉓

사이를 펴고 눌러줍니다.

㉔

눌러준 모습. 나머지 3군데도 똑같이 합니다. 앞으로 돌려보면서 꽃잎의 모양을 맞춰나갑니다.

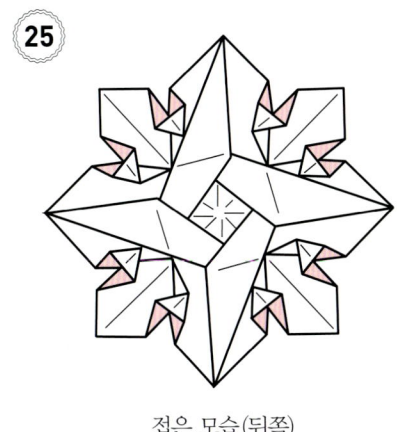

접은 모습.(뒤쪽)

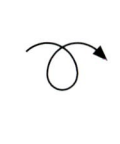

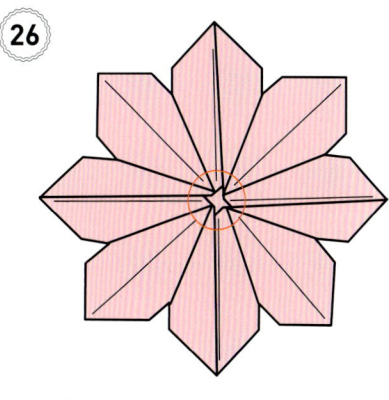

{ 꽃잎 완성 }

대, 소 6장 모두 똑같이 접습니다.
가장 작은 5cm×5cm는 접기 힘들지만 ○ 안이
0.7cm 이상으로 넓어지지 않도록 조심해주세요.
(17~20을 정확히 접는 것이 포인트)

❋ 꽃술 접기

꽃술을 1개 접습니다.

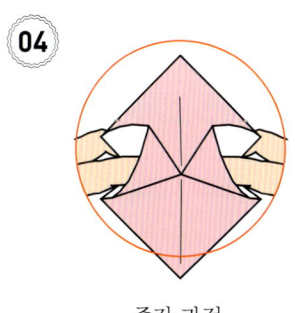

사각접기(p.12)에서
사이를 펴고 맨 앞의
양쪽 끝 ★을 ☆에
맞춰서 접습니다.
뒤쪽도 마찬가지.

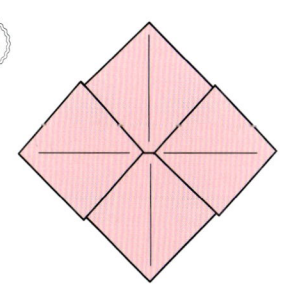

한꺼번에 반으로 접어서
접기선을 만듭니다.

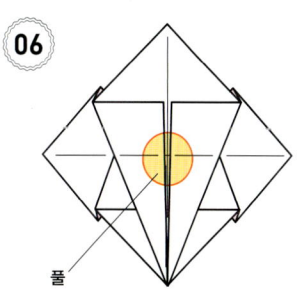

사이를 펴면서 위의
1장만 앞쪽으로 접습니다.

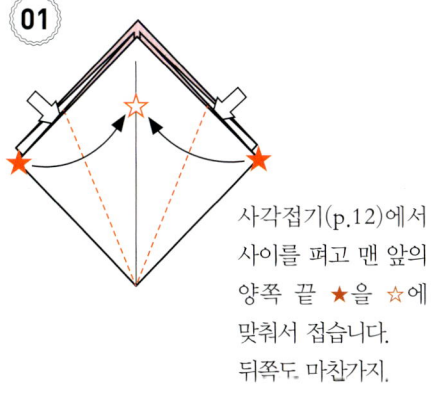

중간 과정.

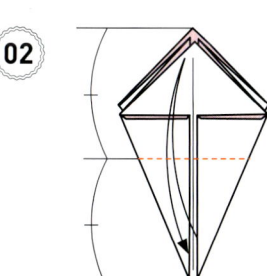

펼친 모습.

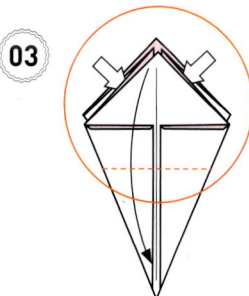

풀

안쪽에 풀을 칠하고 꽃의 맨
윗부분에 붙입니다.(p.110참조)

황제 달리아 109

꽃 조립하기

6장의 꽃잎(p.109)을 철사에 끼워서 조립하고 꽃술(p.109)을 붙여서 꽃을 만듭니다.

01
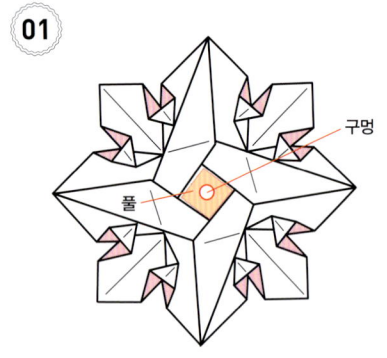

꽃잎 가운데에 송곳으로 구멍을
뚫고 그림의 위치에 풀을 칠합니다.

02
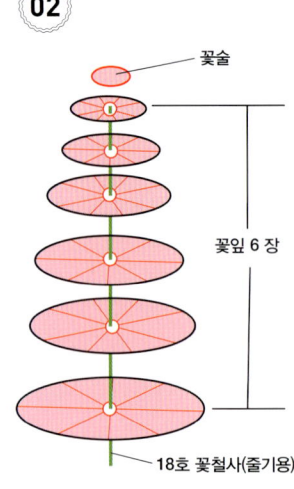

꽃잎이 큰 쪽부터 순서대로 구멍의
위치를 확인하면서 꽃잎이 겹치지
않도록 풀칠하면서 붙입니다.
마르면 18호 꽃철사(줄기용)의 맨
끝부분에 풀을 칠하고 아래쪽에서
가운데 구멍에 끼워서, 꽃잎의 맨
위까지 끼워 넣습니다.

03

풀칠해서 18호 꽃철사(줄기용)를 끼운 모습.
○ 부분에 꽃술을 풀칠해서 붙입니다.

04

[꽃술을 붙인 모습]
가운데(○)를 누르고
중심을 향해 꽃잎을 안쪽으로 모읍니다.

붙인 모습.
{ 꽃 완성 }

❁ 꽃받침을 만들어 꽃에 붙이기

꽃받침은 장미의 꽃받침 A(p.34)와 똑같이 접습니다. 꽃받침을 2개 접어 꽃에 붙입니다.

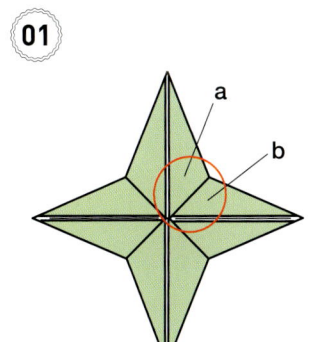

꽃받침 A에서
○ 안의 a, b를 꺼냅니다.

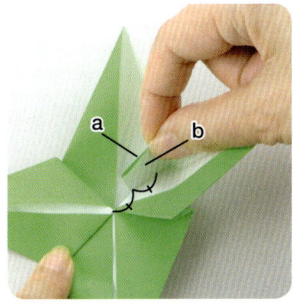

a, b를 반 정도 끌어올립니다.

끌어올린 부분의 사이를 펴고 눌러줍니다.

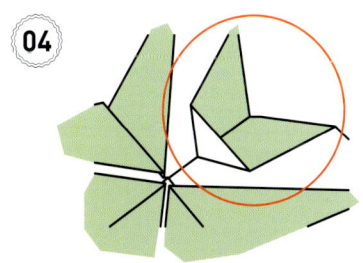

눌러준 모습.

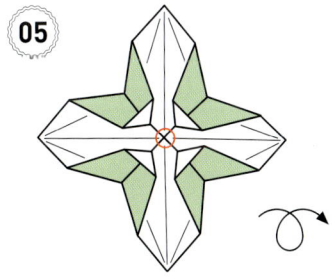

2개 모두 똑같이 접습니다.
○ 부분에 송곳으로 구멍을 뚫어서, 꽃을 붙인 줄기용 꽃철사 (p.110)를 끼웁니다.

황제 달리아 111

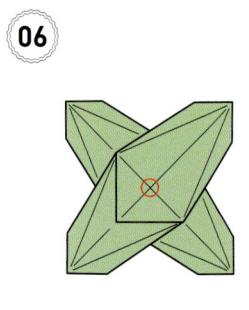

06

○에서 줄기용 꽃철사를 꺼냅니다.

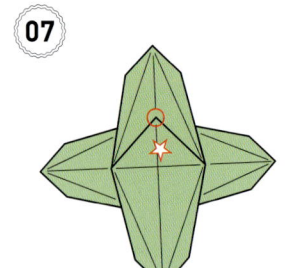

07

두 번째 꽃받침은 ☆ 부분을 세우고, ○ 속에서 줄기용 꽃철사를 꺼냅니다.

08

[꽃에 꽃받침 2개를 겹쳐서 풀칠한 모습]
장미(p.35)의 10~14 참조.

❀ 잎을 접어서 조립하기

잎을 대 12장, 중 12장, 소 18장, 모두 42장을 접습니다. 잎을 7장을 1세트로 조립합니다.

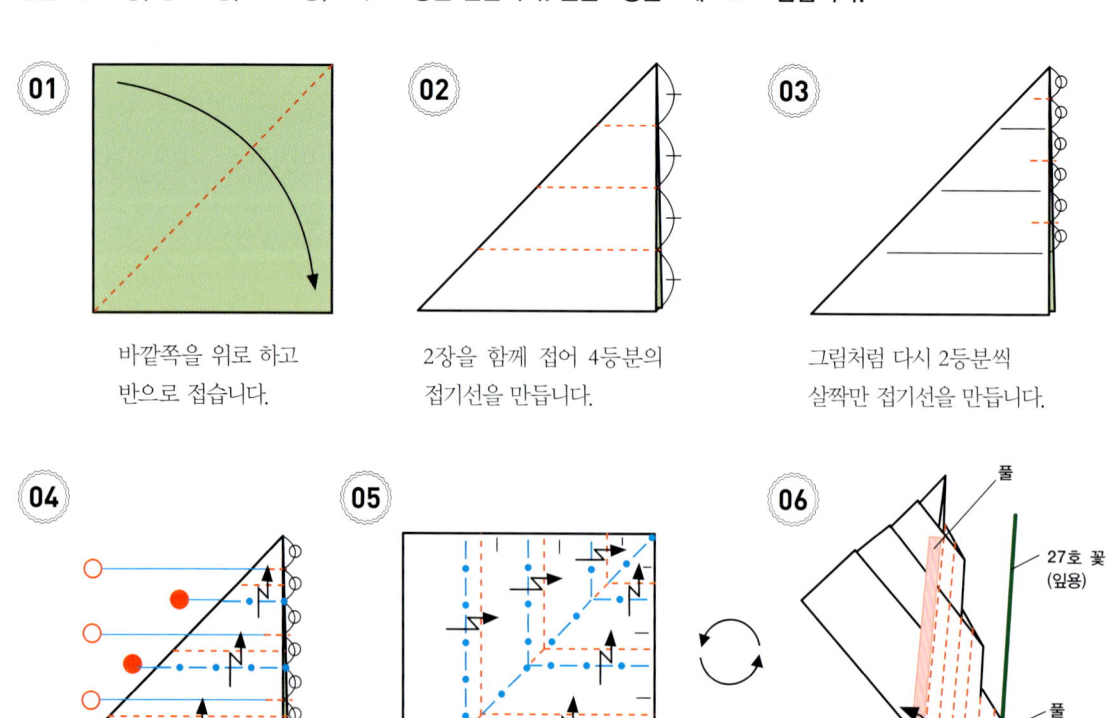

01 바깥쪽을 위로 하고 반으로 접습니다.

02 2장을 함께 접어 4등분의 접기선을 만듭니다.

03 그림처럼 다시 2등분씩 살짝만 접기선을 만듭니다.

04 2장을 함께 ●를 ○선에 맞춰 각각 계단접기를 하면서 접기선을 만들었다가 폅니다.

05 접기선을 그림과 같이 다시 접었다가 반으로 접습니다.

06 그림의 위치에 꽃철사를 얹어 풀을 칠하고, 오른쪽부터 순서대로 감아 접다가, 마지막에 다시 풀을 칠해서 고정시킵니다.

07

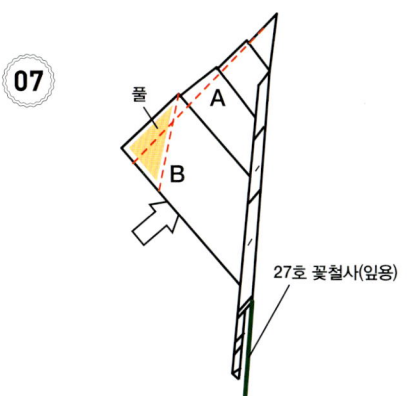

사이를 펴고 앞의 한 장만 A, B 순으로 골짜기접기를 하고 풀칠합니다.
뒤쪽도 똑같이 접습니다.

08

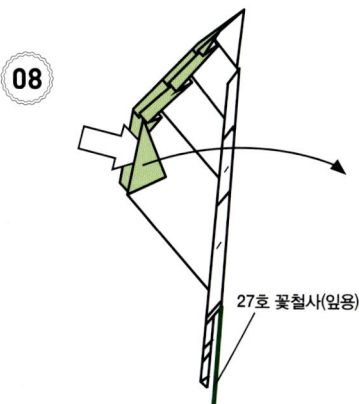

접은 모습. 사이를 폅니다.

09

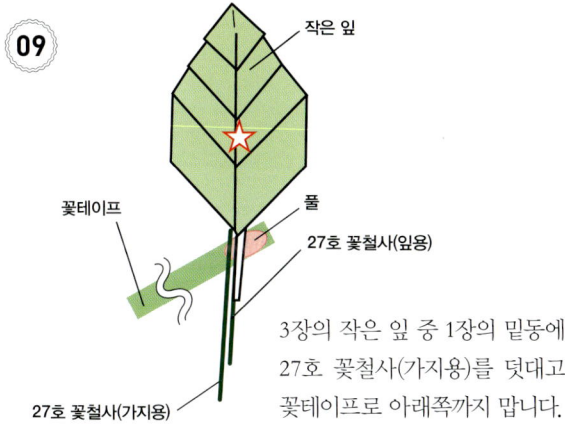

3장의 작은 잎 중 1장의 밑동에 27호 꽃철사(가지용)를 덧대고 꽃테이프로 아래쪽까지 맙니다.

10

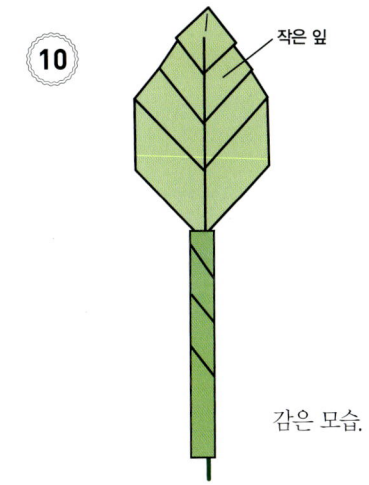

감은 모습.

11

작은 잎 나머지 2장, 중간 잎 2장, 큰 잎 2장을 ⑨의 27호 꽃철사(가지용)에 꽃테이프로 감아 왼쪽 사진처럼 붙입니다. 이것을 1세트로 하여 나머지 세트도 똑같이 마무리합니다.

황제 달리아

🌸 마무리

줄기에 꽃과 잎을 붙여서 마무리합니다.

꽃받침에서 5cm 정도 아래에 1단의 잎을 2세트, 꽃테이프로 감아갑니다. 나머지 잎도 똑같이 감고, 꽃철사 끝까지 꽃테이프로 마무리합니다.

Let's Make Flower 13

Autumn 부겐빌레아

• Information •

- 종이 사이즈(꽃 1세트 분)

  꽃턱잎 – 9cm×9cm 3매

  꽃 – 3cm×3cm 9매

  잎 – 2cm×2cm 1매
  2.5cm×2.5cm 4매, 3cm×3cm 2매
  3.5cm×3.5cm 2매, 4cm×4cm 3매

  ※ 꽃턱잎 : 싹이나 화관(花冠) 밑에 붙은 비늘 모양의 잎

- 기타 필요한 것

  27호 꽃철사 12cm 3개(꽃턱잎용)

  조화용 꽃 수술 소 9개 (꽃용)

  27호 꽃철사 9cm 12개(잎용)

  18호 꽃철사 36cm 1개(줄기용)

❀ 작은 꽃 접기

작은 꽃종이는 오각형으로 잘라내고 폅니다.(p.14) 작은 꽃은 9개 접습니다.

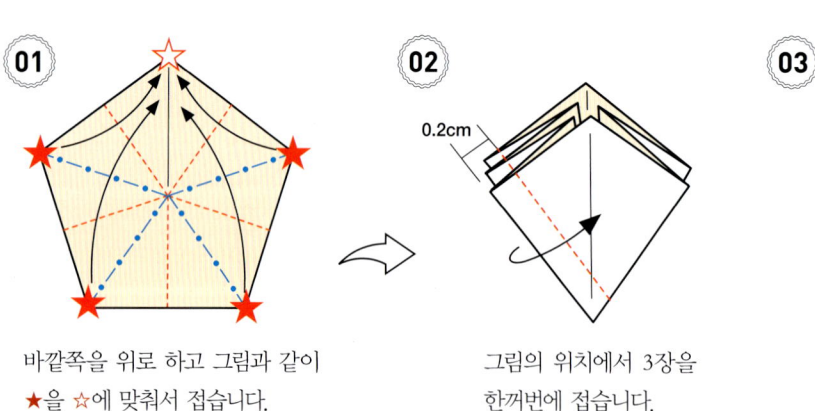
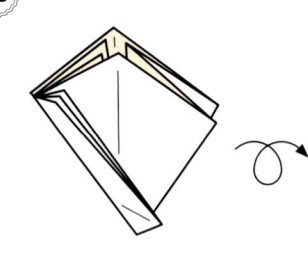

01 바깥쪽을 위로 하고 그림과 같이 ★을 ☆에 맞춰서 접습니다.

02 그림의 위치에서 3장을 한꺼번에 접습니다.

03 뒤로 뒤집습니다.

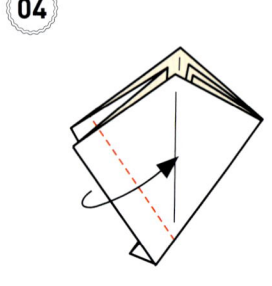
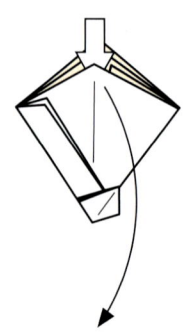
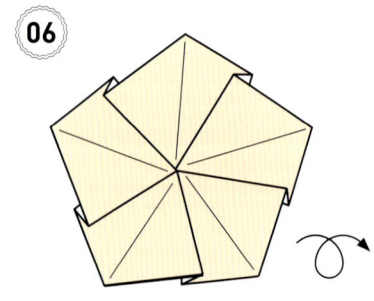

04 ②와 똑같이 2장을 한꺼번에 접습니다.

05 위의 1장을 펴면서 전체를 펼칩니다.

06 뒤집습니다.

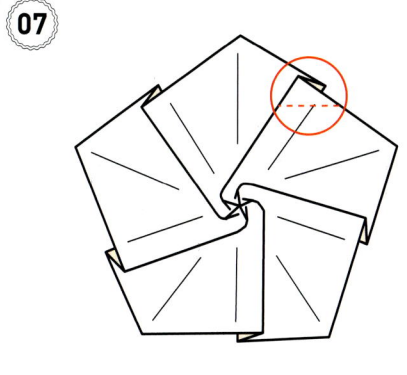

○ 안을 접습니다.

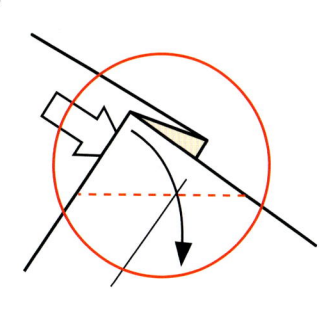

○ 안의 사이를 펴고 삼각으로 접습니다.

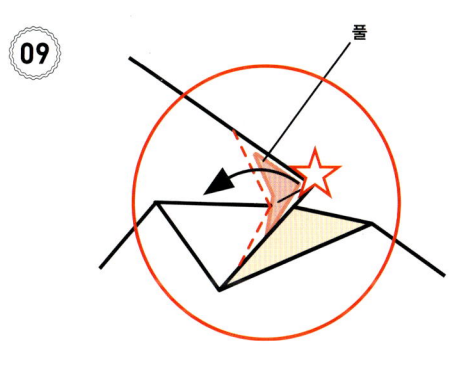

☆을 골짜기접기를 합니다.

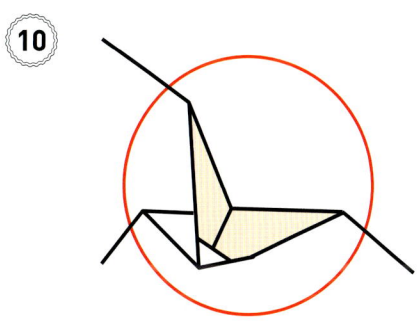

접은 모습. 나머지 4군데도 똑같이 해줍니다.

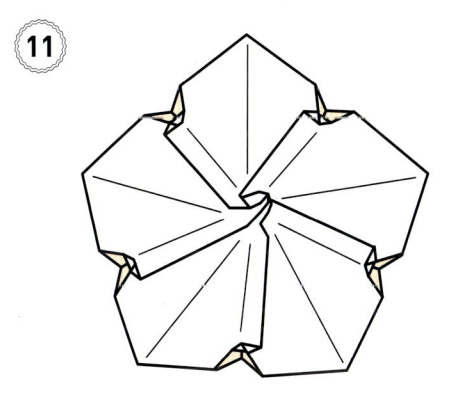

[전체를 접은 모습]

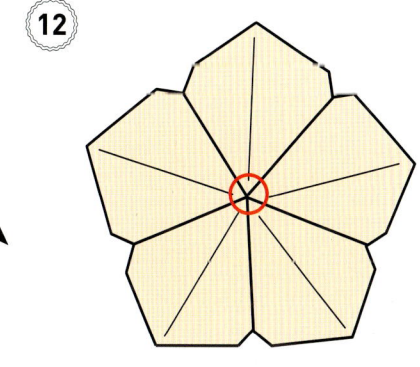

○ 안에 조화용 꽃 수술(꽃용)을 끼울 작은 구멍을 뚫습니다.

부겐빌레아 **117**

⑬ 조화용 꽃 수술을 4.5cm 되는 곳에서 잘라냅니다.

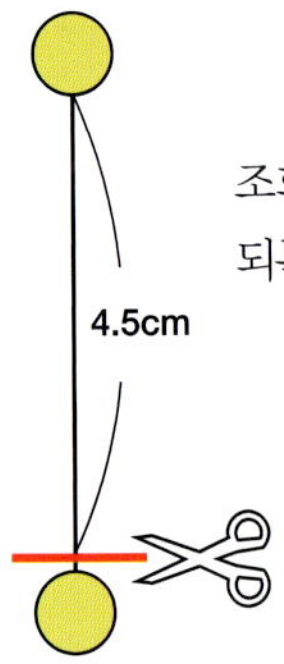

⑭ 그림 부근에 풀칠합니다.

⑮ 꽃 가운데 구멍에 끼워 넣고, 밑동을 조금 죄어주면서 붙입니다.

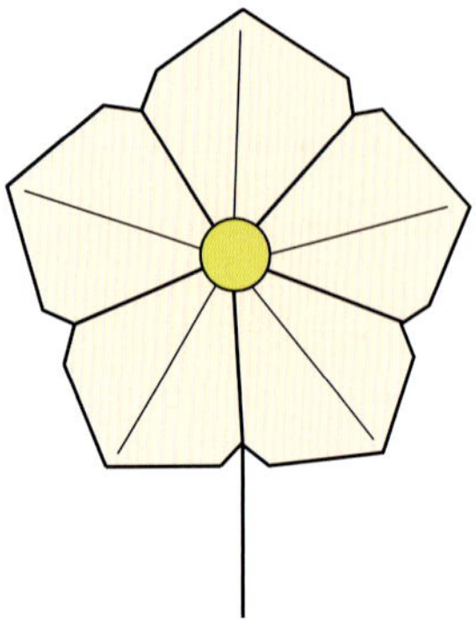

⑯ 꽃 3송이를 길이를 달리해서 묶고 27호 꽃철사(꽃턱잎용)를 1개 보태서 꽃테이프로 감아서 마무리합니다.

꽃테이프 / 27호 꽃철사(포용)

🌸 꽃턱잎 접기

흰 꽃을 감싸는 빨강이나 핑크 부분은 꽃잎이 아니라, '꽃턱잎'이라고 불리는 잎의 일부입니다. 꽃턱잎은 3개 접습니다.

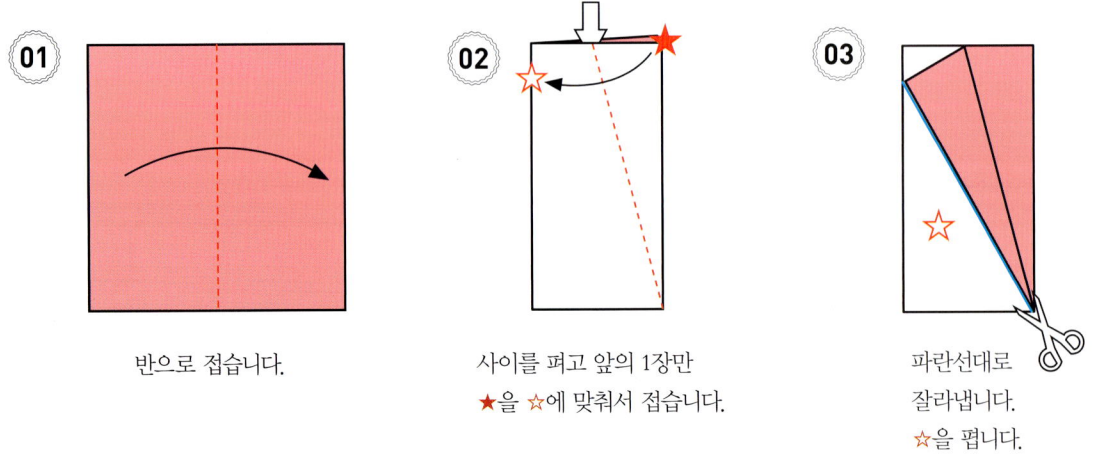

01 반으로 접습니다.

02 사이를 펴고 앞의 1장만 ★을 ☆에 맞춰서 접습니다.

03 파란선대로 잘라냅니다. ☆을 폅니다.

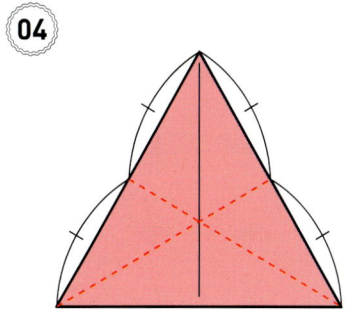

그림처럼 접기선을 만듭니다.

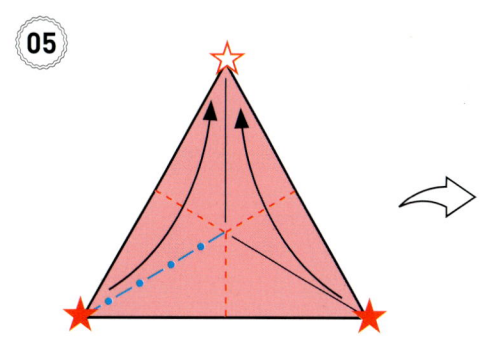

접기선을 다시 만들어서
★을 ☆에 맞춰서 접습니다.

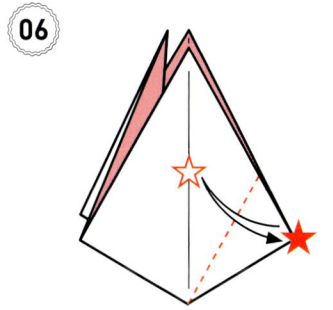

★을 ☆에 맞춰서
접기선을 만듭니다.

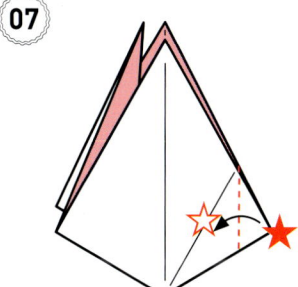

★을 ☆에 맞춰서
안으로 접어 넣습니다.

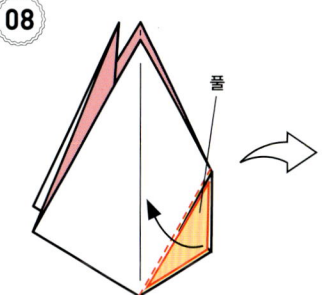

⑥에서 만든 접기선대로
접고 풀칠합니다.

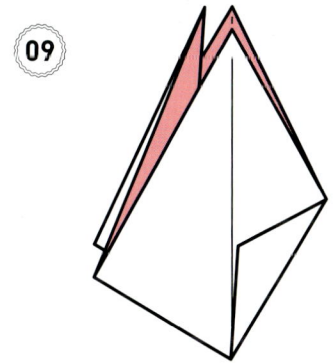

풀칠한 모습. 나머지 2군데도 같은
쪽을 6~8 까지 똑같이 합니다.

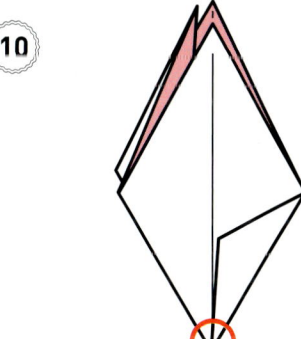

{ 꽃턱잎 완성 }
○ 부분에 송곳으로 구멍을 뚫습니다.

부겐빌레아 119

꽃턱잎의 위쪽을 펴서 속에 꽃 1세트 끼워 넣고, 꽃턱잎의 밑동을 풀칠합니다.

꽃테이프로 살짝 말아줍니다.

🌸 잎 접기

잎을 접고 잎의 심(芯)이 되는 꽃철사를 붙입니다. 잎은 사이즈를 달리하여 모두 12장 접습니다.

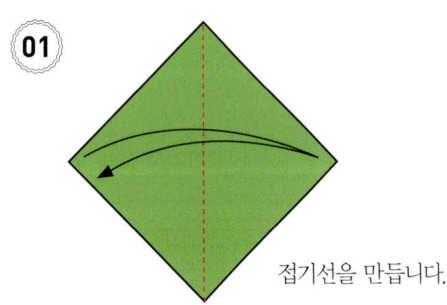

접기선을 만듭니다.

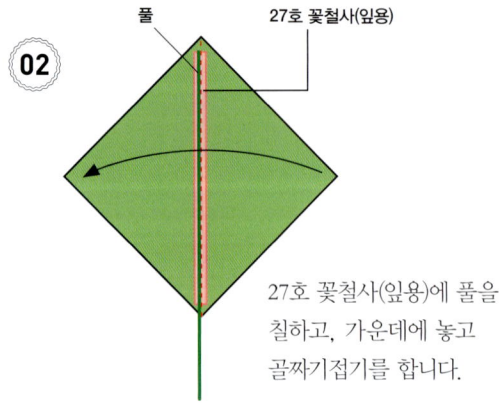

27호 꽃철사(잎용)에 풀을 칠하고, 가운데에 놓고 골짜기접기를 합니다.

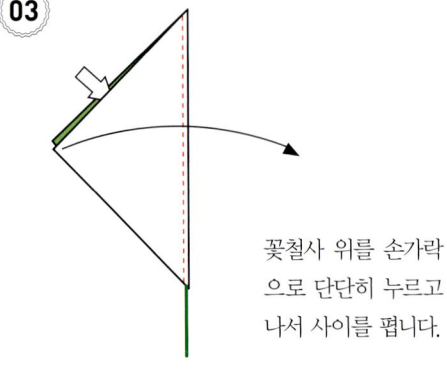

꽃철사 위를 손가락으로 단단히 누르고 나서 사이를 폅니다.

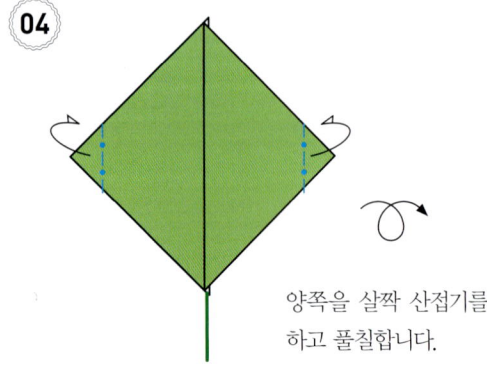

양쪽을 살짝 산접기를 하고 풀칠합니다.

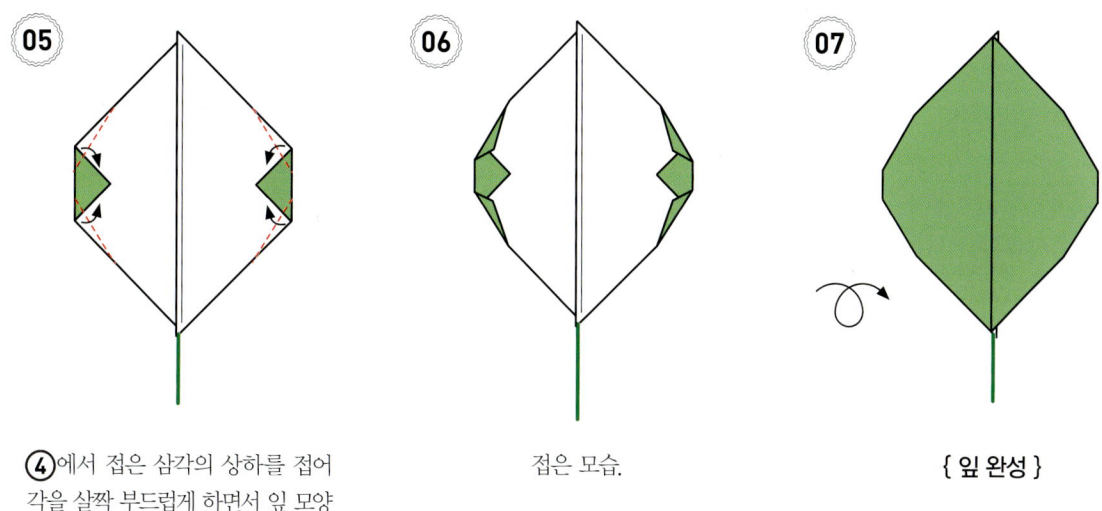

④에서 접은 삼각의 상하를 접어 각을 살짝 부드럽게 하면서 잎 모양을 만든 후에 풀칠합니다.

접은 모습.

{ 잎 완성 }

❋ 마무리

꽃과 잎을 줄기 꽃철사에 붙이고 마무리합니다.

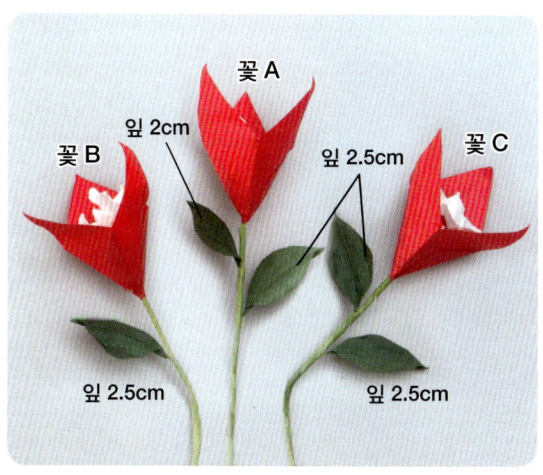

꽃 A는, 잎 2cm와 잎 2.5cm를 각 1장, 꽃 B는 잎 2.5cm 1장, 꽃 C는 잎 2.5cm 2장을 각각 붙이고, 꽃테이프로 감습니다.

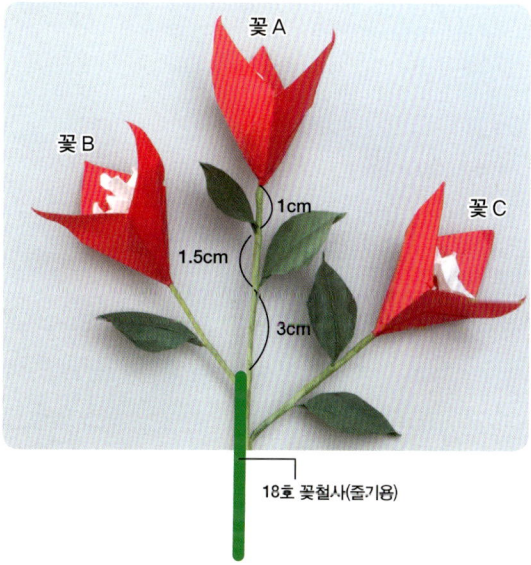

꽃 A, 꽃 B를 붙인 곳에서 18호 꽃철사(줄기용)을 덧대고, 꽃테이프로 조금 말아서, 다시 꽃 C를 덧대어서 감습니다.

③

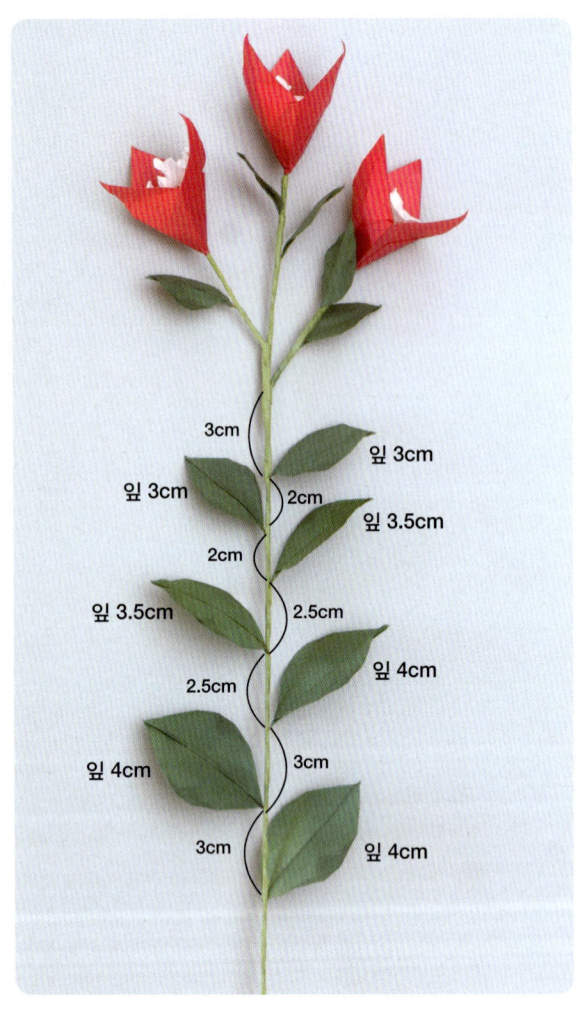

※ 꽃이 아래로 향하도록 장식하면 더욱 돋보입니다.

나머지 잎을 사진을 참고로 붙여주세요.
꽃이나 잎의 개수 등은 취향에 따라 가감해주세요.

Let's Make Flower 14

Autumn 도라지꽃

• Information •

- 종이 사이즈(꽃 1세트 분)
  - 꽃 – 13cm×13cm 1매
  - 꽃술 – 4cm×4cm 1매
  - 꽃받침 – 4.5cm×4.5cm 1매
  - 잎 – 소 3cm×3cm 4매
        중 3.5cm×3.5cm 4매
        대 4cm×4cm 4매

- 기타 필요한 것
  - 18호 꽃철사 36cm 1개(줄기용)
  - 27호 꽃철사 9cm 12개(잎용)

❀ 꽃 접기

꽃 종이는 바깥쪽을 안으로, 꽃술 종이는 바깥쪽을 밖으로 해서, 둘 다 오각형으로 잘라내고 폅니다.(p.14)

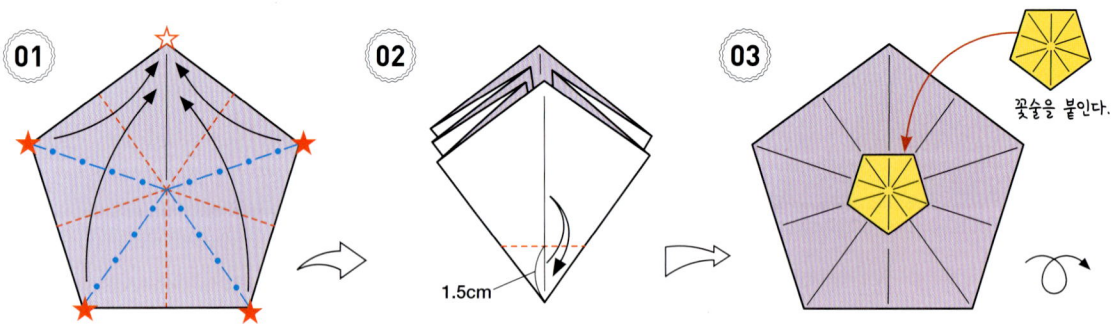

01 꽃 종이는 바깥쪽을 위로 하고 그림과 같이 접기선을 다시 만들어서 ★을 ☆에 맞춰서 접습니다.

02 아래에서 1.5cm 되는 지점에서 접어서 접기선을 만들고 폅니다.

03 ②에서 만든 접기선에 맞춰서 꽃술을 종이 바깥쪽을 위로 하고 풀로 붙이고 말립니다.

꽃술을 붙인다.

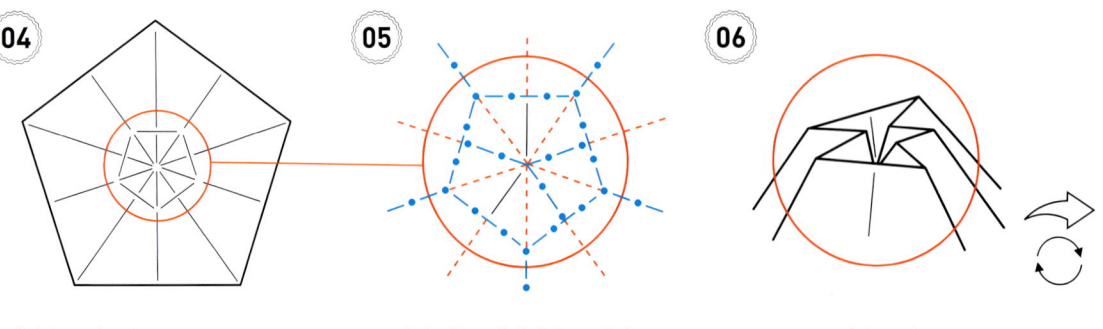

04 뒤집은 모습.
○ 안을 움푹 패도록 접습니다.

05 접혀 있는 접기선을 그림과 같이 다시 접어서 가운데가 움푹 패도록 접습니다.

06 접은 모습.

07

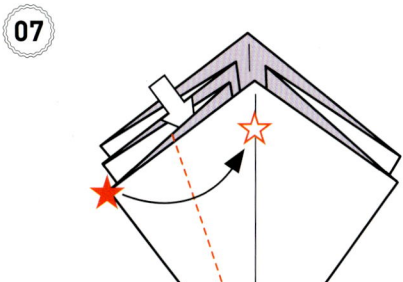

사이를 펴고 맨 앞의 한쪽만 ★을 ☆에 맞춰서 골짜기접기를 합니다.

08

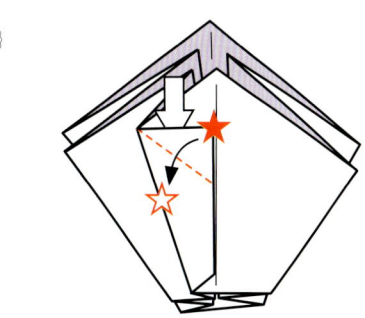

사이를 펴고 자그마하게 세모를 만드는데 ★을 ☆에 맞춰서 골짜기접기를 합니다.

09

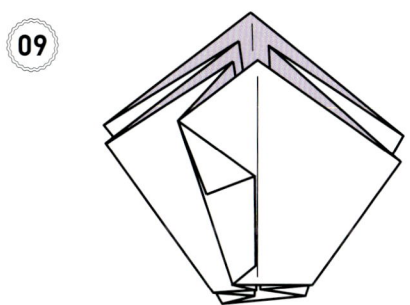

접은 모습. ⑦의 형태로 원위치시킵니다. 나머지 4군데도 7~9 까지 왼쪽을 똑같이 합니다.

10

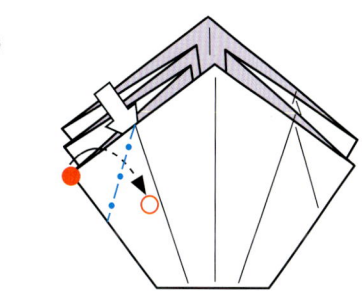

사이를 펴고 ●을 ○에 맞춰서 ⑧에서 만든 접기선을 따라 산접기를 하면서 안으로 넣습니다.(5군데 모두)

11

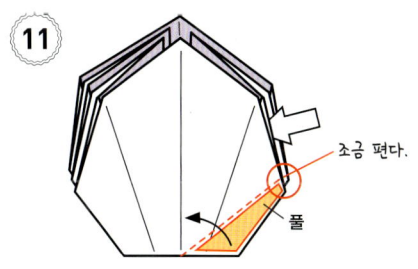

그림의 위치에서 골짜기접기를 하고 풀칠합니다.

12

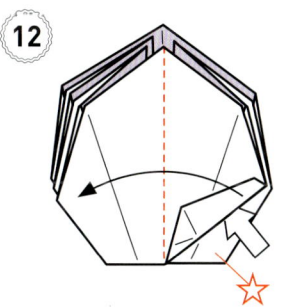

위의 1장을 왼쪽으로 젖히고 ☆ 부분을 ⑪과 똑같이 합니다.

13

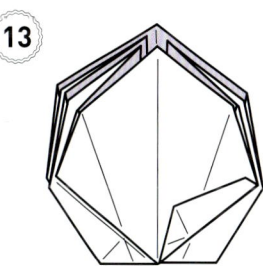

풀칠한 모습. 나머지 3군데도 11~12 와 같은 방향으로 접어서 풀칠합니다.

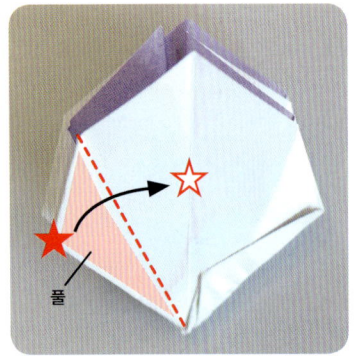 

사이를 펴고 ★을 ☆에 맞춰서 접고 풀칠합니다.

풀칠한 모습.
나머지 4군데도 ⑭와 똑같이 합니다.

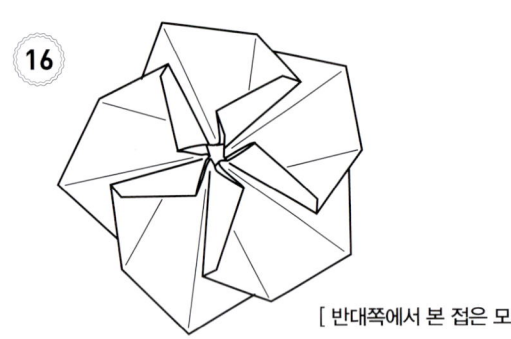

[반대쪽에서 본 접은 모습]

✿ 꽃받침을 접어서 꽃에 붙이기

꽃받침은, 장미 꽃받침 B(p.34)와 똑같이 접습니다. 꽃받침을 1개 접어서 꽃에 붙입니다.

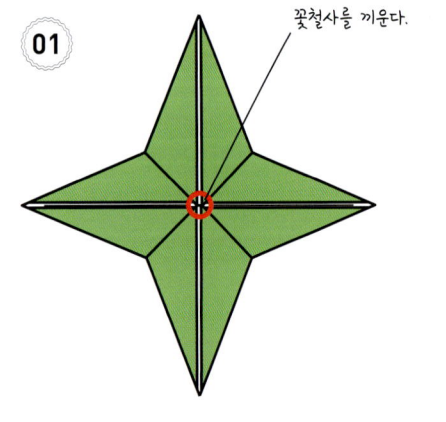 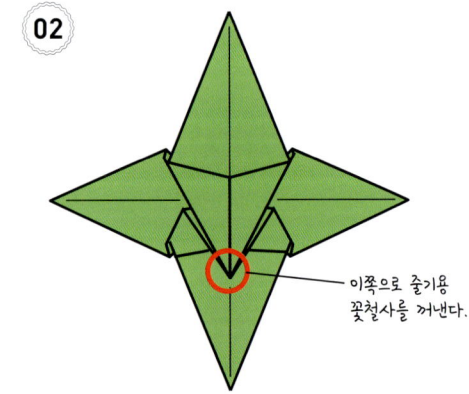

{ 꽃받침 B 완성 }
○ 부분에 송곳으로 구멍을 뚫습니다.

[꽃받침 B를 뒤집은 모습]

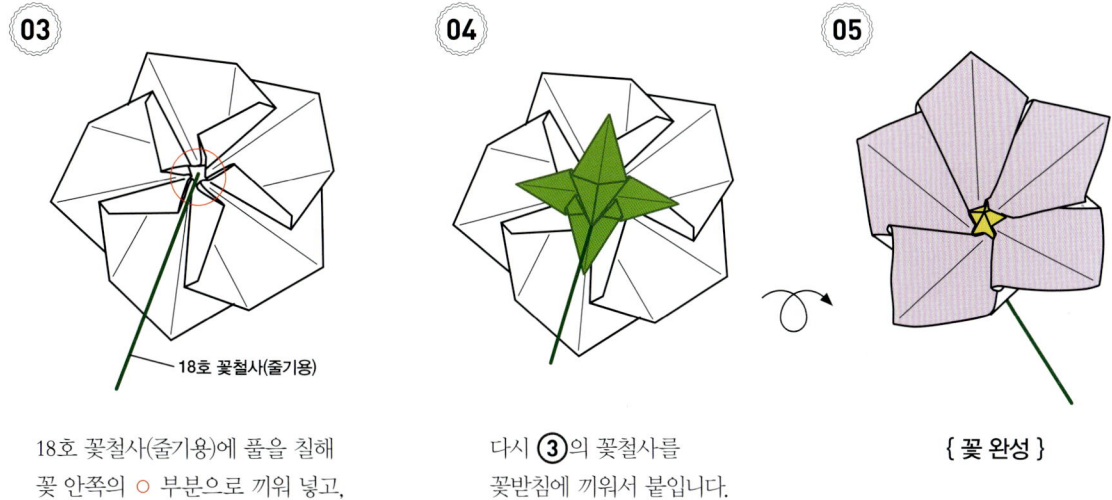

18호 꽃철사(줄기용)에 풀을 칠해 꽃 안쪽의 ○ 부분으로 끼워 넣고, 꽃술의 끝부분에서 고정시킵니다.

다시 ③의 꽃철사를 꽃받침에 끼워서 붙입니다.

{ 꽃 완성 }

🌸 마무리

꽃을 사이즈를 달리해서 모두 12장 접고, 줄기에 붙여서 마무리합니다.

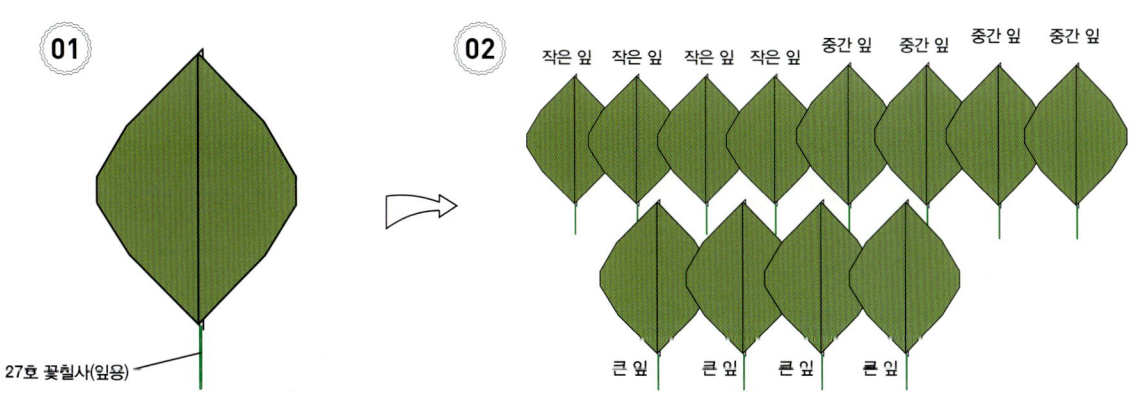

잎은, 부겐빌레아(p.120)의 잎과 접는 방식이 같습니다.

사이즈를 달리해서 모두 12장 접습니다.

03

꽃받침 아래에서 3cm 되는 지점에 작은 잎 2장을 서로 마주하게 붙이고, 꽃테이프로 감습니다.

04

3~4cm 간격으로 나머지 잎을 2장씩 줄기에 붙입니다. 잎의 개수는 취향에 따라 가감해주세요.

※ 꽃과 잎만 만들어서 장식해도 귀엽습니다.

Let's Make Flower 15

Winter 동백꽃

• Information •

- 종이 사이즈(꽃 1세트 분)
  - 꽃 – 13cm×13cm 1매
  - 꽃가루 – 0.5cm×33cm 1매
  - 꽃술 – 2.5cm×33cm 1매
  - 잎 – 4cm×4cm 1매

- 기타 필요한 것
  - 27호 꽃철사 9cm 1개(잎용)

🌸 꽃과 잎 접기

꽃종이는 오각형으로 잘라내고 폅니다.(p.14)

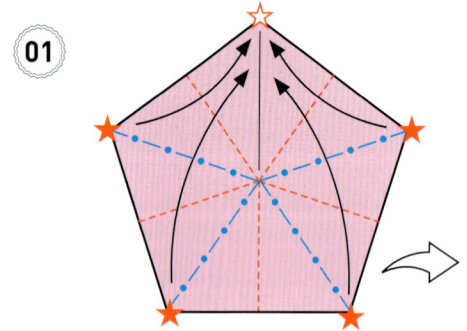

01 바깥쪽을 위로 하고 그림과 같이 접기선을 다시 만들어 ★을 ☆에 맞춰서 접습니다.

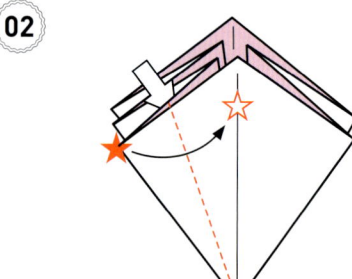

02 사이를 펴고 맨 앞의 왼쪽 ★을 ☆에 맞춰서 골짜기접기를 합니다.

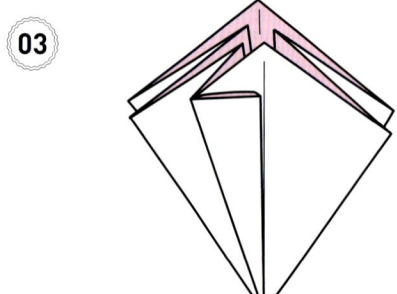

03 접은 모습. 나머지 4군데도 왼쪽을 ②와 똑같이 합니다.

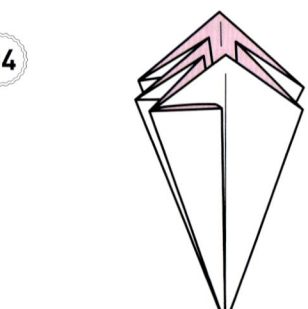

04 접은 모습. 벌어진 위를 조금 넓힙니다.

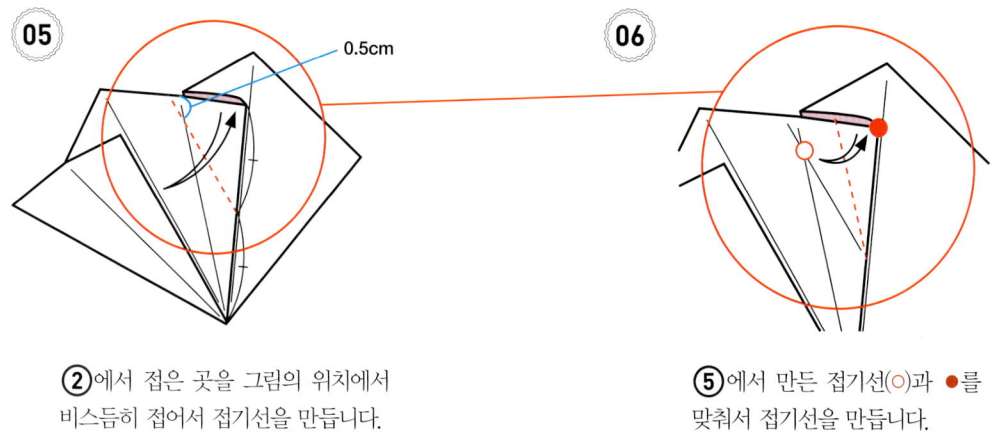

05 ②에서 접은 곳을 그림의 위치에서 비스듬히 접어서 접기선을 만듭니다.

06 ⑤에서 만든 접기선(○)과 ●를 맞춰서 접기선을 만듭니다.

07 사이를 펴고 삼각으로 눌러주고 그림 부분을 풀칠합니다.

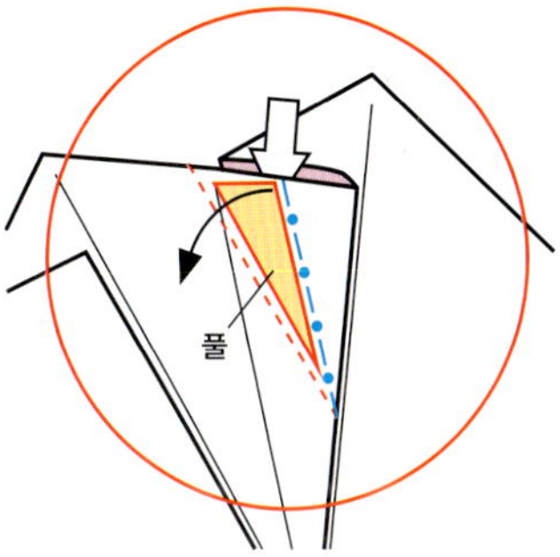

08 ☆을 안으로 접으면서 ★을 골짜기접기를 해서 세웁니다.

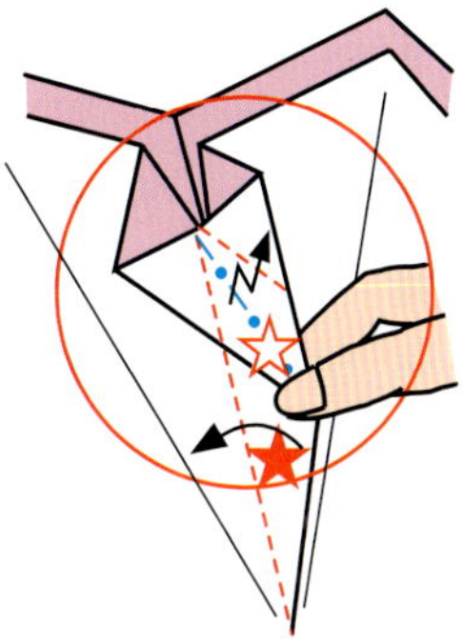

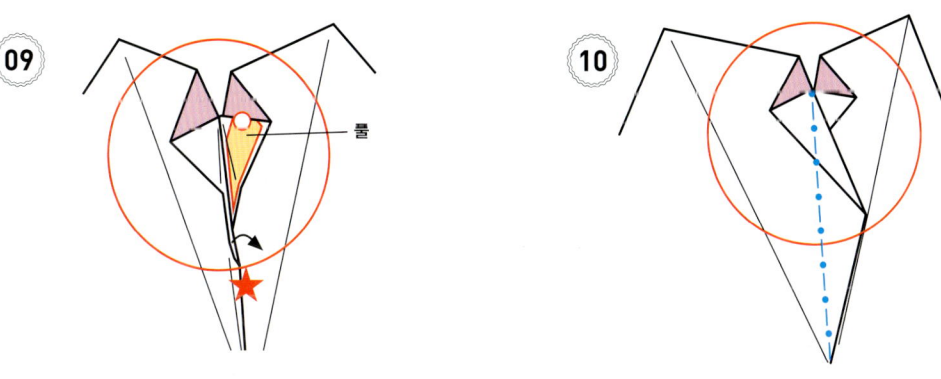

09 ⑦과 마찬가지로 ○ 안쪽을 풀칠합니다.
★ 부분을 오른쪽으로 젖히고 풀칠합니다.
나머지 4군데도 5~9 까지 똑같이 합니다.

10 그림 위치를 5군데 모두 산접기를 해서 형태를 정돈합니다.

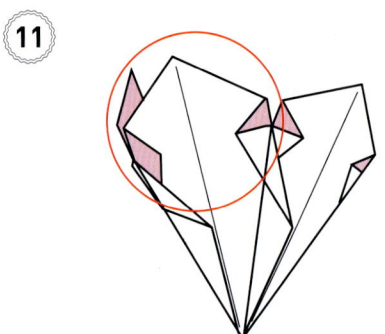

형태를 정돈한 모습.
위에서 봅니다.

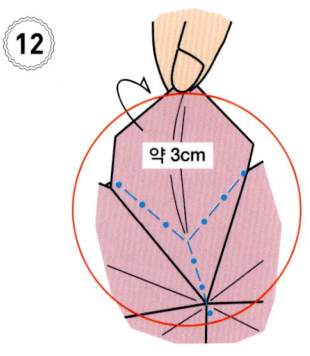

끝부분을 잡고 내리면서 그림처럼
5군데 모두 입체감을 주며 접습니다.

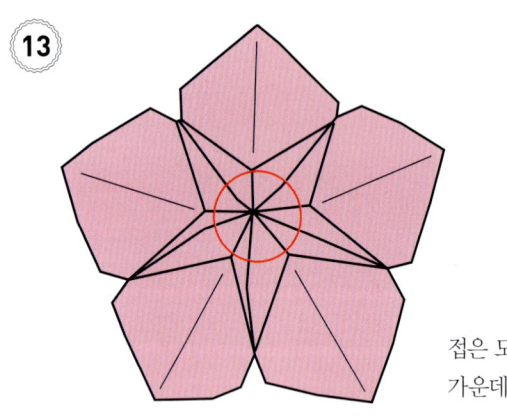

접은 모습.
가운데(○)에 꽃술을 넣습니다.

◆ 잎 접기

부겐빌레아의 잎(p.120)의 ❻까지
똑같이 접습니다. 27호 꽃철사(잎용)
를 약 1cm 남기고 잘라냅니다.

{ 잎 완성 }

✿ 마무리

꽃술을 만들어 꽃에 붙입니다.

01 꽃가루 종이를 반으로 접어서 원위치시킵니다.

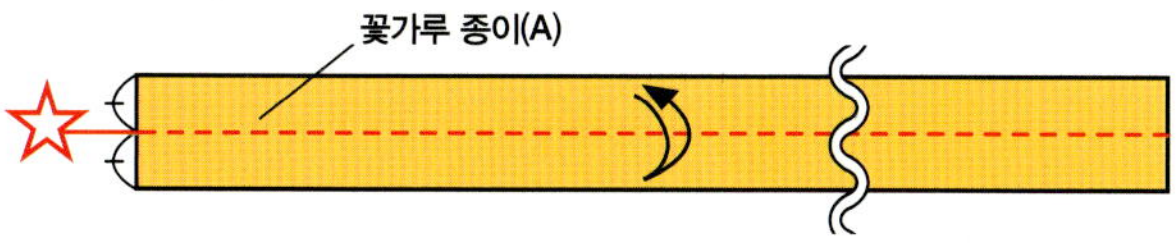

02 꽃가루 종이의 약 1/4되는 지점에 꽃술 종이를 얹고, 끝부분을 맞춰서 풀칠합니다.
(그림은 알기 쉽도록 확대하였습니다)

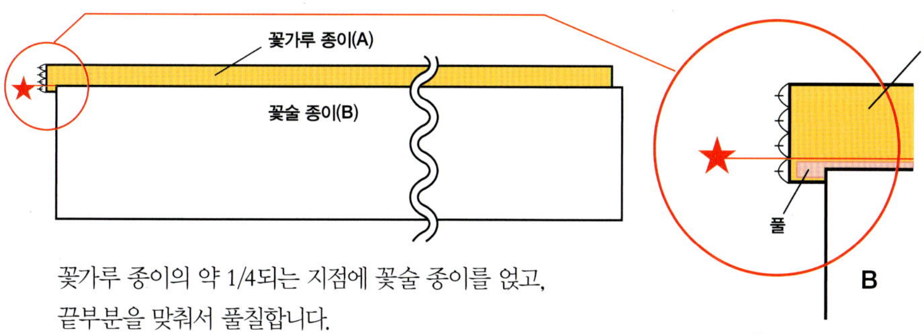

[확대도]

03 ①에서 접은 선에서 접고, 풀칠을 해서 **A**와 **B**를 붙입니다.

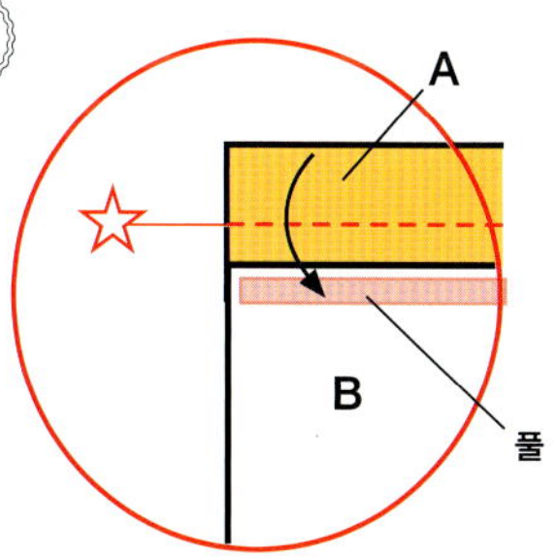

04 위에서 ●선 부근까지 끝에서 촘촘하게 칼집을 넣습니다.

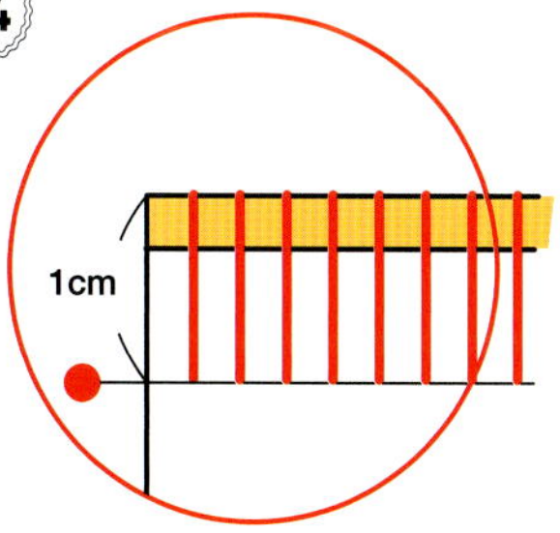

05 자른 모습.

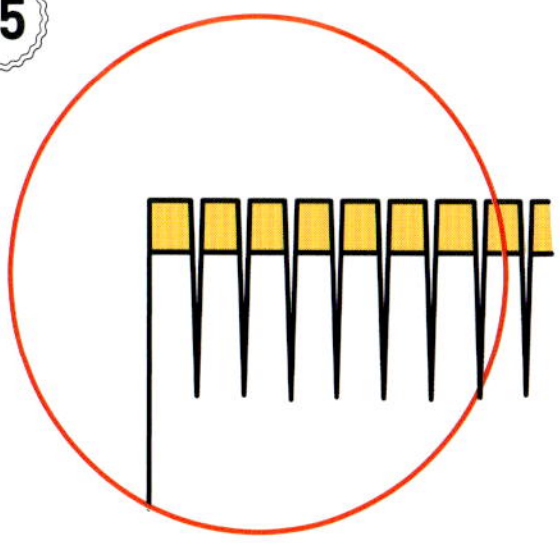

06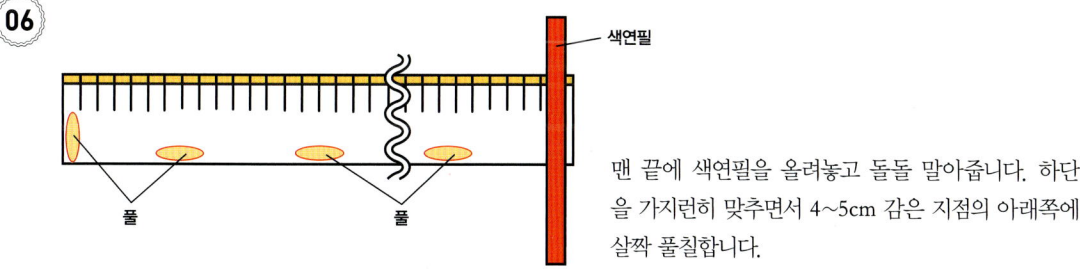

맨 끝에 색연필을 올려놓고 돌돌 말아줍니다. 하단을 가지런히 맞추면서 4~5cm 감은 지점의 아래쪽에 살짝 풀칠합니다.

동백꽃 133

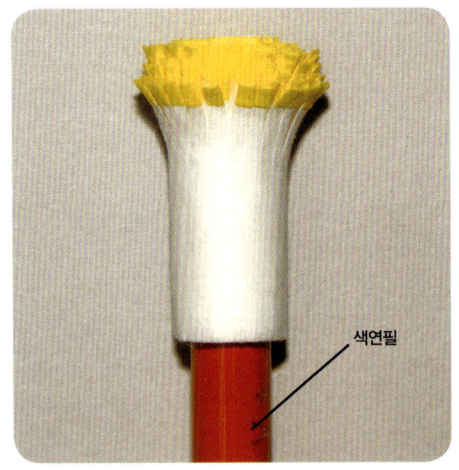

풀칠하면서 말아 나가다가 마지막 부분을
풀로 고정시키고 색연필을 뺍니다.

꽃 가운데에 꽃술을 넣고 풀칠합니다. 꽃술은
밑동 부분을 조금 오므려두면 넣기 쉽습니다.

※ 여러 색깔의 종이를 사용하여
　다양한 동백꽃을 만들어봅시다.

[Winter 시클라멘]

Let's Make Flower 16

• Information •

· 종이 사이즈(꽃 1세트 분)

꽃 – 13cm×13cm 1매
꽃술 – 1.5cm×9cm 1매
꽃받침 – 3cm×3cm 1매
잎 – 7.5cm×7.5cm 1매

· 기타 필요한 것

18호 꽃철사 36cm 1개(꽃술용)
27호 꽃철사 12cm 1개(잎용)
20호 꽃철사 12cm 1개(줄기용)

❀ 꽃 접기

꽃종이는 육각형으로 잘라내고 폅니다.(p.15)

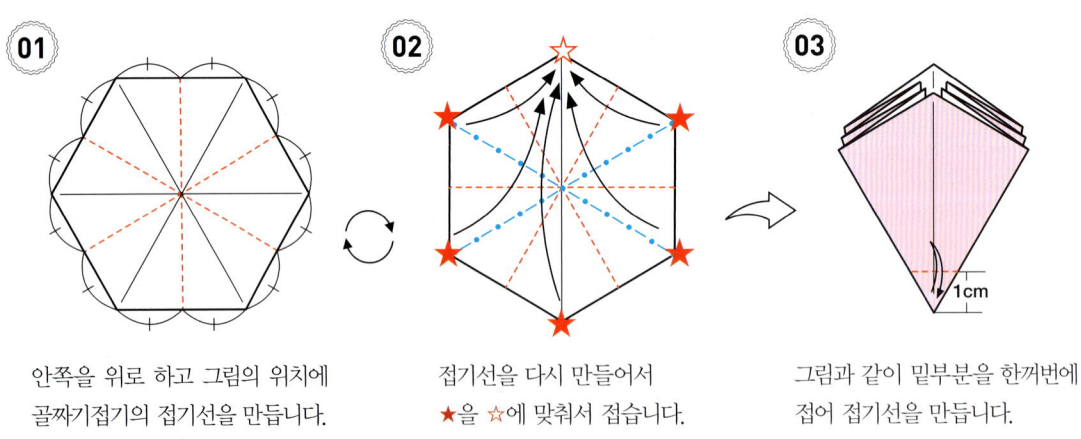

01 안쪽을 위로 하고 그림의 위치에 골짜기접기의 접기선을 만듭니다.

02 접기선을 다시 만들어서 ★을 ☆에 맞춰서 접습니다.

03 그림과 같이 밑부분을 한꺼번에 접어 접기선을 만듭니다.

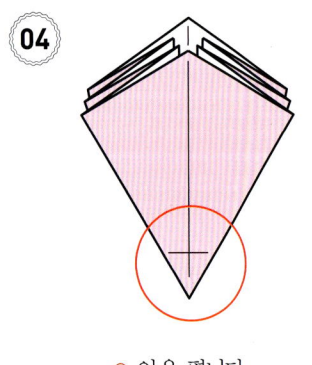

04 ○ 안을 폅니다.

05 ○ 안의 접기선을 다시 만들어서 가운데가 움푹 패도록 접습니다.

06 접은 모습. ①처럼 펼칩니다.

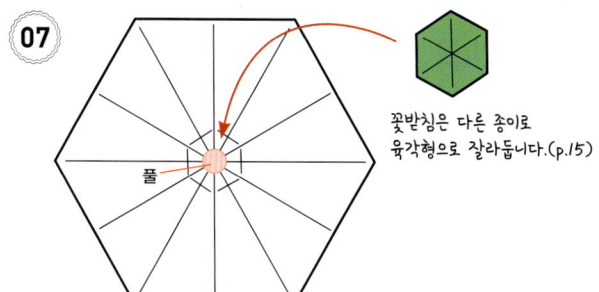

가운데에 풀을 조금 칠하고
꽃받침의 바깥쪽을 위로 해서 붙입니다.

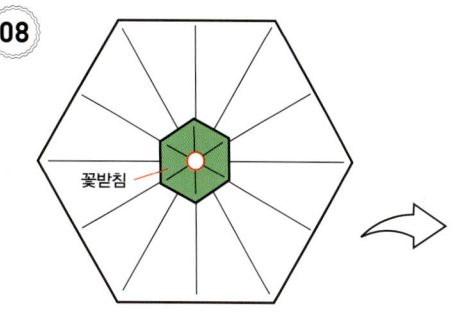

가운데에 송곳으로 구멍을 뚫어
이 상태로 ⑥처럼 접어서 ⑨처럼 합니다.

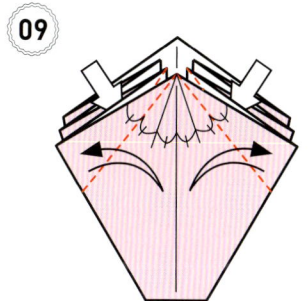

사이를 펴고 맨 앞의 양쪽
모두 그림처럼 3등분 하여
접기선을 만듭니다.

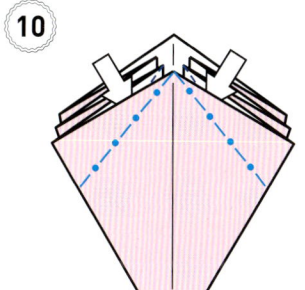

양쪽 사이를 펴서
안쪽으로 접어 넣습니다.

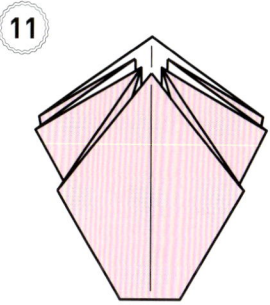

접은 모습. 나머지 4군데도
⑨~⑩과 똑같이 합니다.

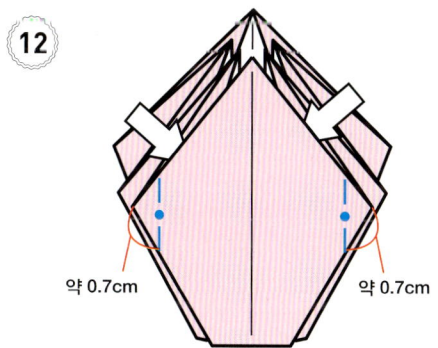

양쪽에 접기선을 만들고 사이를 펴서
안쪽으로 밀어 넣습니다.(6군데 모두)

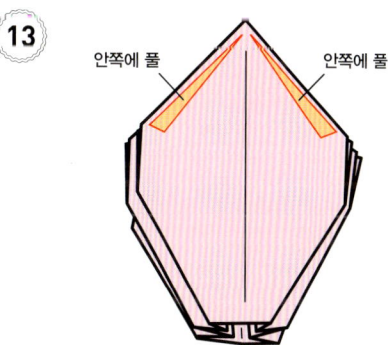

⑩에서 접은 부분을 그림
부근에서 풀칠합니다.

시클라멘 137

꽃술을 접어 꽃에 붙이기

꽃술을 접어 꽃에 붙입니다.

01 안쪽을 위로 하고 반으로 접어 단단히 풀칠합니다.

02 끝에 18호 꽃철사(꽃술용)를 올리고 풀칠하면서 감습니다.

03 { 꽃술 완성 }

04 꽃 위쪽을 조금 펴고 꽃술을 아래에서 끼워 넣습니다.

05 [꽃술을 끼운 모습]

06 꽃술을 조금 튀어나오도록 합니다.

07 안쪽의 꽃받침부터 풀칠합니다.

08

철사는 사진 부근에서 구부려 꽃을
아래로 향하게 합니다.

09

{ 꽃 완성 }

❀ 잎을 접어 줄기에 붙이기

잎을 접어 줄기에 붙입니다.

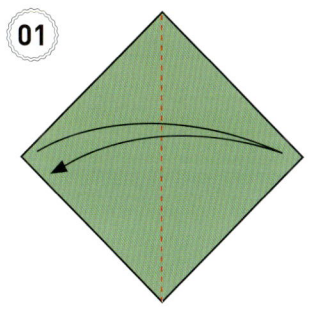

01

접기선을 만듭니다.

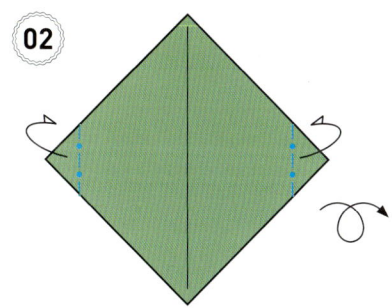

02

양쪽을 뒤로 접어
풀칠합니다.

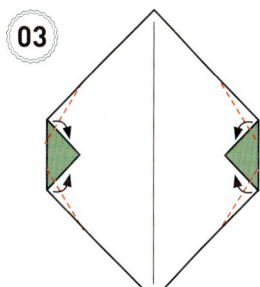

03

②에서 접은 삼각의 상하를 살짝
접어 각을 조금 부드럽게 해서 잎
모양을 만든 후에 풀칠합니다.

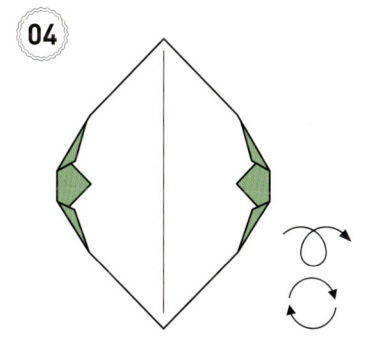

04

풀칠한 모습.

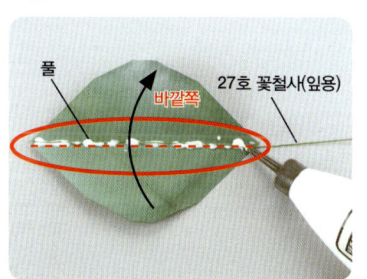

05

잎 바깥쪽의 ①에서 만든 접기선
위에 27호 꽃철사(잎용)를 놓고,
풀을 넉넉히 묻혀서 반으로 접습니다.

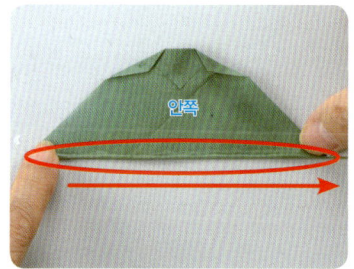

06

철사를 따라 손톱으로 꼼꼼히 누릅니다.

시클라멘 139

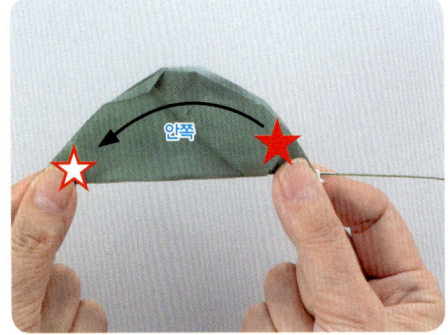

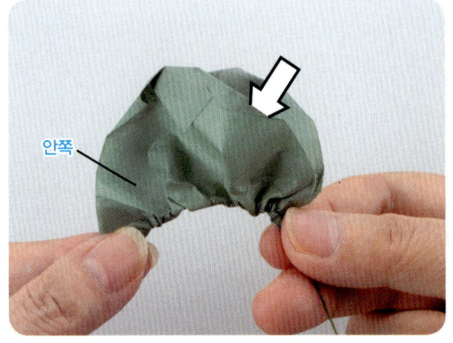

☆을 누르고 ★쪽에서 밀어 주름을 만듭니다.
자연스럽게 반달 모양이 됩니다.

주름을 만든 모습. 위쪽을 폅니다.

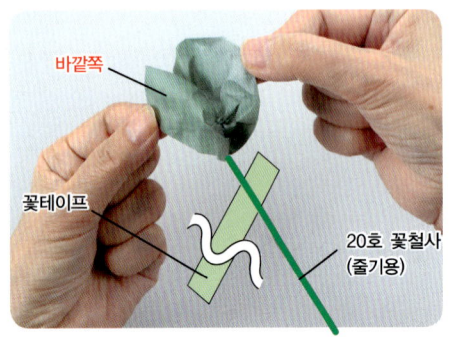

펼친 모습. 잎 꽃철사에 줄기용 20호 꽃철사
(줄기용)를 덧대고 꽃테이프로 감아 마무리합니다.

{ 잎 완성 }
개수는 취향에 맞게 가감하고 마무리해주세요.

11

오아시스 등에 꽃을 꽂아 화분에 넣어 장식해
주세요. 꽃이나 잎의 개수는 밸런스를 보면서
가감해주세요.

종이꽃 갤러리

저자 다나카 다카코의 작품의 일부를 소개하겠습니다.
아이디어에 따라 여러 가지 꽃을 만들 수 있습니다.

TAKAKO'S
FLOWER GALLERY

카사블랑카와 과꽃 부케

달리아

히아신스

애기동백

자주달개비

용담

하이비스커스

종이를 오리고 문지르고 붙여서 만드는 예쁜 꽃

종이꽃 레시피 북

실내 소품, 파티 아이템, 선물 등으로 다양하게 변하는 종이꽃!

사랑스러운 종이꽃, 향기는 없어도 시들지 않아 오래 볼 수 있어요

김해경 지음 | 175 x 225mm | 200쪽 | 15,000원